Langenscheidts Expresskurs Japanische Schriftzeichen

Eine leichte Einführung
in die Welt der japanischen Schriftzeichen
von Len Walsh,
aus dem Englischen übertragen und erweitert
von Rolf Rüggeberg

LANGENSCHEIDT

BERLIN • MÜNCHEN • WIEN • ZÜRICH • NEW YORK

Langenscheidts Expresskurs Japanische Schriftzeichen

Aus dem Englischen übertragen und erweitert von Rolf Rüggeberg

Titel und Autor der Originalausgabe:
Read Japanese Today by Len Walsh

Titelfoto: Bavaria
Bilder im Buchinnern: Rolf Rüggeberg

Ergänzende Hinweise, für die wir jederzeit dankbar sind, bitten wir zu richten an:
Langenscheidt Verlag, Postfach 40 11 20, 80711 München

Umwelthinweis: gedruckt auf chlorfrei gebleichtem Papier

Auflage:	4.	3.	Letzte Zahlen
Jahr:	2000		maßgeblich

Druck: WB-Druck GmbH + Co. Buchproduktions KG
Printed in Germany 3-468-**27190**-5

Inhaltsverzeichnis

Vorwort

Der vorliegende Band bietet Ihnen einen Einstieg in die Welt der japanischen Schriftzeichen, der Kanji. Für Europäer sind diese Schriftzeichen sehr fremd, wir sehen nur Gebilde von Strichen, können darin aber zunächst keinen Sinn erkennen. Tatsächlich aber setzen die japanischen Schriftzeichen sich aus einzelnen Elementen zusammen, die jeweils eine bestimmte Bedeutung tragen.

Wir möchten Ihnen veranschaulichen, welcher Gedanke sich hinter den einzelnen Schriftzeichen verbirgt, und Ihnen die einzelnen bedeutungstragenden Elemente in einem Kanji aufzeigen. Kennt man die Bedeutung dieser Grundelemente, dann ist es spannend zu verfolgen, welche Sinnelemente wie verknüpft werden, um Kanji für neue, komplexere Bedeutungen zu bilden. So erhalten Sie auch einen interessanten Einblick in die japanische und chinesische Denkart.

Zur Veranschaulichung ein ganz einfaches Beispiel: Das Schriftzeichen 聞 bedeutet *hören*. Es setzt sich aus zwei Zeichen zusammen, dem Zeichen 門 *Tor, Pforte* und dem Zeichen 耳 *Ohr*. Diese Zeichen sind entstanden aus Abbildungen eines *Tores* bzw. eines *Ohres* . Das Zeichen für *Ohr* wurde im Laufe der Zeit verändert zu 耳. Um *hören* darzustellen, wurden diese beiden gegenständlichen Zeichen kombiniert: Ein *Ohr* an einem *Tor* ergibt das Zeichen für *hören*.

Auf diese Weise werden Ihnen 300 der wichtigsten und gebräuchlichsten Schriftzeichen vorgestellt. Über diese 300 Kanji hinaus gibt Ihnen der *Expresskurs Japanische Schriftzeichen* den Schlüssel zum Verständnis der japanischen Schriftzeichen insgesamt. Denn mit der Kenntnis der sinntragenden Grundelemente können Sie weitere, neue Zeichen in ihrer Struktur erkennen und sie sich so leichter einprägen.

Und nun wünschen wir Ihnen viel Spaß bei der Lektüre dieses Buches und viel Erfolg beim Erlernen der japanischen Schrift.

Einführung

Ursprung und Entwicklung der Schriftzeichen

Die Japaner benutzen für ihre Schrift Bildzeichen - Piktogramme - die sie vor ca. 1.500 Jahren von den Chinesen übernommen haben. Noch weitere 2.000 Jahre früher hatten die Chinesen diese Zeichen aus der Anschauung ihres täglichen Lebens entwickelt.

Für uns aus dem europäischen Sprachraum sind die japanischen Schriftzeichen dem ersten Anschein nach sehr mysteriös, unüberschaubar und unergründlich. Ein möglicher Inhalt oder eine Bedeutung ist für uns Europäer auf Anhieb nicht zu erkennen. Jedoch zeigen folgende sechs Beispiele, daß jedes Zeichen eine Bedeutung hat, die auch zu erkennen und durchaus verständlich ist:

So hatten die Chinesen z.B. ein Bild für die Sonne:  . Dieses wurde ihr geschriebenes Wort für *Sonne*. Die Chinesen veränderten im Laufe der folgenden Jahrhunderte dieses Zeichen, um es einfacher und schneller zu schreiben. Die endgültige Form wurde 日. So wird noch heute *Sonne* im Chinesischen und Japanischen geschrieben.

Die Chinesen hatten zuerst das Wort für *Baum* mit dem Bild  gemalt. Auch dieses wurde vereinfacht zu 木, was das geschriebene Wort für *Baum* ist.

Um das Schriftzeichen für *Wurzel* zu bilden, wurden zunächst mehrere *Wurzeln* an den *Baum* gemalt:  . Auch dieses wurde im Laufe der Zeit vereinfacht zu 本. Das ist heute das geschrieben Wort für *Wurzel,* auch *Ursprung* oder *Quelle.*

Wenn die Zeichen für *Sonne* 日 und *Ursprung* 本 zusammengefügt werden, entsteht ein neues Zeichen: 日本. Es bedeutet *Japan* und heißt wörtlich übersetzt "Urspung der Sonne".

Das Bild von der *Sonne* 日 hinter einem *Baum* 木 wird zu 東 und bildet ein neues Zeichen, nämlich *Osten:* dort, wo die *Sonne* hinter den *Bäumen* scheint bzw. aufgeht, ist *Osten*.

Steinlaternen, die früher in jeder Hauptstadt die Wachen umsäumten, wurden folgendermaßen gemalt: . Auch dieses Bild vereinfachte man bis zur heute gültigen Form 京, was das Zeichen für *Hauptstadt* ist. Beide Zeichen - das Zeichen für *Osten* 東 und das für *Hauptstadt* 京 - ergeben 東京 Tôkyô "östliche Hauptstadt".

Diese Beispiele zeigen, daß die japanischen Zeichen nicht aus willkürlichen oder zufälligen Strichen bestehen. Jedes Zeichen hat eine Bedeutung, die im Bild zum Ausdruck kommt und die auf dem Bildinhalt beruht.

Hier wird der wesentliche Unterschied zwischen unserer Schrift und den japanischen bzw. chinesischen Schriftzeichen deutlich: Unsere Buchstaben sind die phonetische oder klangliche Darstellung unserer Sprache, während die chinesischen und japanischen Schriftzeichen Bilder sind und damit ganze Wörter darstellen. Hier zeigt sich auch einer der bedeutenden Unterschiede zwischen den Kulturen: die europäisch oder westlich erzogenen Kinder lernen die Schrift (sichtbar gemachte Sprache) im wesentlichen durch Klang, also mit dem Gehör, während die chinesischen und japanischen Kinder die Schrift durch Bilder lernen. Die Unterschiede, die sich von hier im Denken, im Verstehen und auch im Aufnehmen von Informationen ergeben, sind enorm. Dies ist aber nicht Gegenstand dieses Buches und sei deshalb hier nur angedeutet.

Die frühesten überlieferten Schriften - sowohl in Europa als auch in Asien - waren Bilderschriften. Um *Kuh, Berg* oder *Auge* zu schreiben, haben die Chinesen und auch die Europäer jeweils ein Bild von einer *Kuh*, einem *Berg* oder einem *Auge* gemalt. Bei den Chinesen sahen die Bilder so aus: 

Bei den frühen westlichen Kulturen - den Sumerern, den Phöniziern und auch den Ägyptern - sahen die Bilder so aus: .
Diese Bilder werden Piktogramme genannt.

Für Wörter, die Ideen, Aktionen oder Gefühle beinhalten, durch die also keine einfachen Objekte ausgedrückt werden, haben die Chinesen mehrere Zeichen kombiniert. In der Kombination von Zeichen, die für sich Gegenständliches ausdrücken, werden die nicht gegenständlichen Wörter dargestellt. So wird z.B. die *Sonne* - wie oben bereits gezeigt - mit dem *Baum* kombiniert, um *Osten* auszudrücken.

Um nicht in ein unübersichtliches Panorama von Darstellungen zu verfallen, ist dies natürlich nicht ohne einen gewissen Grad der Abstraktion und Symbolisierung durchzuführen. Wenn man z.B. *Macht* oder *Autorität* durch einen General mit seiner Armee darstellen würde oder durch einen Vater, der seine Kinder erzieht, wäre der Aufwand sehr groß. Die Chinesen beschränkten sich hier auf die Darstellung einer Hand, die einen Stock hält:  .

Die Ägypter gebrauchten eine Peitsche, um das gleiche auszudrücken.

Freude wurde bei den Chinesen mit einer Trommel ausgedrückt, während die Ägypter einen springenden Menschen darstellten.

Die Länder der westlichen Kulturen gaben schließlich die Piktogramme als Schrift auf und führten statt dessen ein phonetisches System ein, in dem jedes Bild einen speziellen Laut darstellte.

Man wählte einige Piktogramme, denen dann ein Laut zugeordnet wurde. Alle anderen Piktogramme wurden nicht mehr benötigt. Eines dieser phonetischen Systeme war der Vorläufer unseres Alphabets.

Das Piktogramm, das die Ägypter für den Vokal *A* wählten, war das Bild für *Kuh*:  . Es wurde zu der Zeit  geschrieben. Die Bedeutung *Kuh* wurde aufgegeben, und das Piktogramm stand für den Laut *A*. Durch die folgenden Jahrtausende wurde die Schreibweise immer wieder geändert, und es wurde schließlich  geschrieben, was dem heutigen *A* entspricht. So sind alle 26 Buchstaben letztlich aus den Piktogrammen, die ursprünglich ein

Bild beinhalteten, entstanden. Das chinesische Piktogramm für z.B. *Kuh* blieb unverändert und hat auch heute noch dieselbe Bedeutung.

Die ersten chinesischen Zeichen waren einfache Piktogramme zur Darstellung elementarer Objekte. Komplexes oder auch Abstraktes war mit diesen Zeichen aber nicht darstellbar. Hier kombinierten die Chinesen, wie bereits angedeutet, mehrere Zeichen als Sinnelemente miteinander und schufen so neue Zeichen.

Die Chinesen entwickelten ihre ersten Piktogramme von Objekten, die sie am besten kannten:

- Menschen unterschiedlicher Gestalt und in verschiedenen Stellungen, Teile des menschlichen Körpers,
- Natürliche Objekte wie Bäume, Pflanzen, Steine, Sonne, Tiere, Vögel,
- Waffen, aus der damaligen Zeit natürlich Handwaffen, wie Pfeil und Bogen, Messer, Axt,
- Häuser und Gebäude,
- Gefäße, Kleidung, Teile der Kleidung,
- Schiffe, Karren, Wagen.

Nachdem die Chinesen alle Zeichen entwickelt hatten, die sie zu ihrer Zeit benötigten, folgte eine Zeit der Standardisierung und Ordnung. Über 2.000 Jahre hinweg wurden die Zeichen vereinfacht und entsprechend proportioniert, um sie in Quadrate gleicher Größe schreiben zu können: Kreise wurden zu Quadraten, Linien wurden begradigt, andere eliminiert, aufwendig gezeichnete Bilder vereinfacht usw. Ziel war dabei immer, die Bilder zu vereinfachen, ästhetisch aber zu verschönern. Auch wenn die Bilder dadurch zwangsläufig abstrakter wurden, ist ihre ursprüngliche Bedeutung immer noch erkennbar.

Die japanische Schrift

Bis zum 4. Jahrhundert nach Christi Geburt hatten die Japaner keine Schrift! Wie sie ohne Schrift gelebt haben, ist kaum vorstellbar.

Ab dem 4. Jahrhundert brachten buddhistische Mönche chinesische Kultur, Philosophie und damit verbunden die chinesische Sprache und Schrift nach Japan. Zunächst wurden die chinesischen Schriftzeichen auch chinesisch gelesen, wenn auch mit Anpassung an das japanische Lautsystem. Das ist die sogenannte On-Lesung. Da die Japaner für ihre eigene Sprache ja keine Schrift hatten, benutzten sie später die chinesischen Zeichen auch für die japanischen Wörter mit derselben Bedeutung, lasen die Zeichen also japanisch. Das ist die sogenannte Kun-Lesung.

So ist zu erklären, daß die meisten Schriftzeichen im Japanischen mehrere Lesungen haben. Als grobe Regel kann man sagen, daß für Kanji bei Wörtern, die nur mit einem Schriftzeichen wiedergegeben werden, die Kun-Lesung gilt, und für Kanji bei Wörtern, die aus zwei oder mehr Zeichen bestehen, die On-Lesung.

Hierzu ein Beispiel: Das Zeichen für *Osten* 東 alleine wird higashi ausgesprochen (Kun-Lesung). In Verbindung mit einem weiteren Zeichen wird es dagegen TÔ gelesen, z.B. 東京 TÔKYÔ "östliche Hauptstadt".

Zur Kennzeichnung der On-Lesung werden in diesem Buch Großbuchstaben verwendet und für die Kun-Lesung Kleinbuchstaben.

Ab dem 8. Jahrhundert wurden einige Kanji stark vereinfacht, sie verloren ihre ursprüngliche Bedeutung und wurden statt dessen mit einem Lautwert versehen. Im Laufe der Zeit entstanden so zwei phonetische Silbenschriften, Hiragana und Katakana. Zusammenfassend werden beide Silbenschriften Kana genannt. Mit ihnen läßt sich der gesamte Lautbestand der japanischen Sprache darstellen.

Im Gegensatz zum Chinesischen verfügt das Japanische über Flexionen, Vorsilben und Endungen. Diese grammatikalischen Bestimmungen können mit Kanji nicht wiedergegeben werden. Hierzu dient die Silbenschrift Hiragana (Übersichtstabelle s. S. 126). Die Silbenschrift Katakana (Übersichtstabelle s. S. 128) dient heute überwiegend zur Darstellung von Fremdwörtern. Japanische Texte bestehen deshalb in der Regel aus Kanji (für die Wortstämme), Hiragana (für die grammatikalischen Bestimmungen) und Katakana (für die Fremdwörter). Das Zeichen für den Wortstamm bleibt gleich, unabhängig davon, zu welchem Satzteil oder welcher Wortart es gehört. Dasselbe Zeichen wird also für ein bestimmtes Substantiv, Adjektiv oder Verb benutzt. Das ist uns im Deutschen nicht fremd, denn hier gibt es Vergleichbares: So ist z.B. *Glück* der Stamm, *glücklich* das Adjektiv und *glücken* das Verb. In diesem Beispiel wäre für die Japaner *Glück* der Wortstamm, den sie mit einem Kanji darstellen, *lich* und *en* grammatikalische Endungen, die in Hiragana dargestellt werden.

Es ist relativ leicht, die Kanji von den Hiragana- und den Katakana-Zeichen zu unterscheiden. Hiragana-Zeichen bestehen maximal aus vier einzelnen Strichen, meistens aber aus zwei oder drei. Die Kanji, also die chinesischen Zeichen, haben mindestens zwei (Ausnahme: das Kanji 一 *eins*), meistens aber wesentlich mehr Striche. Die Katakana-Zeichen sind kantig, eckig, während die Hiragana-Zeichen runder und gefälliger sind.

Kanji:	炎	honô	*Flamme*
	車	kuruma	*Wagen, Auto*
	西	nishi	*Westen*
Hiragana:	ほのお	honô	*Flamme*
	くるま	kuruma	*Wagen, Auto*
	にし	nishi	*Westen*
Katakana:	アーヘン	Aahen	*Aachen*
	ホテル	hoteru	*Hotel*
	ケーキ	kêki	*Kuchen (cake)*

Zu diesem Buch

Die Aussagen über die Entstehung der Schriftzeichen stammen aus dem *Shou Wen Chie Tsu*, das in China vor ca. 1.800 Jahren veröffentlicht wurde und als erstes Lexikon der chinesischen Zeichen gilt.

Bei einigen Zeichen sind in diesem Werk mehrere Ursprungstheorien beschrieben. Das ist nicht weiter verwunderlich, da mehr als 2.000 Jahre von den Anfängen der Entwicklung der Zeichen bis zur Veröffentlichung des ersten Lexikons vergangen sind. Später haben japanische Ethnologen herausgefunden, daß es bei einigen Zeichen andere Erklärungen für ihren Ursprung gibt. Darauf wird aber in diesem Buch nicht näher eingegangen, da es hier lediglich um eine einfache Methode geht, Zeichen zu verstehen, zu lernen und zu behalten.

Die in diesem Buch behandelten 300 Zeichen folgen im Prinzip der gleichen Reihenfolge, wie sie von den Chinesen für die Entwicklung ihrer Piktogramme benutzt wurde: Zuerst kommen die Zeichen aus der Natur. Sie sind am einfachsten zu schreiben - vielleicht deswegen, weil sie am ersten von den Chinesen entwickelt wurden und von daher einfach konstruiert sind. Dann kommen die Zeichen, die vom menschlichen Körper abgeleitet wurden. Danach die Zeichen von den unterschiedlichen Arten der Fortbewegung usw.

Zu jedem Kanji werden nur die gebräuchlichsten Aussprachevarianten angegeben. Dabei wird in der Lautschrift das gesamte Wort inklusive grammatischer Endungen wiedergegeben, obwohl in der japanischen Schreibung nur die Kanji, die ja Anliegen dieses Buches sind, nicht aber die Hiragana aufgeführt werden. So wird z.B. für 聞 die Aussprache kiku *hören* angegeben, obwohl das Zeichen 聞 genau genommen nur ki, den Wortstamm darstellt. Das ku ist die grammatische Endung für die Grundform und wird in Hiragana geschrieben.

Zur Wiedergabe des Japanischen in Lateinschrift wird in diesem Buch die Hepburn-Umschrift verwendet. Die meisten Buchstaben werden annähernd so ausgesprochen wie im Deutschen. Beachten Sie aber folgende Besonderheiten der Umschrift:

- Lange Vokale werden normalerweise mit einem Dehnungsstrich über dem Vokal wiedergegeben. Statt eines Dehnungsstrichs wird in diesem Buch das Zeichen ^ verwendet.
- Sogenannte gespannte Laute werden in der Umschrift als Doppelkonsonanten wiedergegeben. Sie sprechen einen Konsonant gespannt aus, indem Sie vor dem Laut eine kleine Pause machen.

Folgende Buchstaben werden anders ausgesprochen als im Deutschen:

ei	als langes e. Unser "ei-Laut" wird dagegen durch ai wiedergegeben.
ch	wie tsch
z	als stimmhaftes s, wie z.B. in Rose
s	als stimmloses s, wie z.B. in Roß
j	wie j in Jeans.

Die Zahlen in Klammern am Ende jeder Beschreibung der Kanji beziehen sich auf "Kanji und Kana 1. Handbuch" (Langenscheidts Handbuch und Lexikon der japanischen Schrift von Wolfgang Hadamitzky, Bestell-Nr. 49388). Hier können weitere Bedeutungsvarianten und Kombinationen sowie die Strichfolge und -richtung nachgeschaut werden.

Der Hauptabschnitt mit der Behandlung der Kanji beginnt im folgenden Kapitel. Die japanischen Zeichen sollten in der Reihenfolge gelesen und aufgenommen werden, wie sie hier dargestellt sind, weil spätere Zeichen oft aus Elementen vorhergegangener entwickelt wurden und Erklärungen auf früheren Darstellungen basieren.

Beschreibung von 300 japanischen Schriftzeichen (Kanji) und ihrer Entstehung

Abschnitt 1: Aus der Natur

Sonne, Tag

Als die Chinesen vor ca. 4.000 Jahren ihre Schrift entwickelten, war ihr Bild für die *Sonne*  .

So haben sie *Sonne* auch geschrieben. Auf die Dauer war das Bild zu aufwendig, es wurde vereinfacht zu ⊙ . Die Chinesen haben es noch weiter vereinfacht, um das Zeichen schneller und leichter schreiben zu können. In seiner heutigen Form ist aus dem Kreis ein Rechteck geworden und aus dem Punkt eine Linie: 日.

Die ursprüngliche Bedeutung von 日 ist *Sonne*. Dieses Kanji wird aber auch als Zeichen für *Tag* verwendet, wie viele frühere Völker für *Sonne* und *Tag* dieselbe Bezeichnung hatten.

日 hat folgende Aussprachen: Als einzelnes Wort wird es hi ausgesprochen, in Kombination mit anderen Zeichen NICHI oder JITSU. (5)

Baum

Den Begriff Baum gaben die *Chinesen* ursprünglich so wieder: . Das Piktogramm wurde vereinfacht zu  , später zu 木 . Seine heutige Form ist 木. Die waagerechte Linie steht für die Zweige und Äste, die senkrechte für den Stamm, und die schrägen Striche stehen für die Wurzeln.

Die Bedeutung des Zeichens 木 ist *Baum*, auch *Holz* oder *Gehölz*. Als einzelnes Zeichen wird es ki ausgesprochen, zusammen mit anderen Zeichen MOKU oder BOKU. (22)

Wurzel, Ursprung

Um ein Zeichen für *Wurzel* zu erhalten, haben die Chinesen einige

Wurzeln an den *Baum* gemalt:  . Diese vereinfachten sie zu einer Linie 本 und schufen so das Zeichen für *Wurzel* und *Ursprung.*

Später erhielt es auch noch die Bedeutung *Buch* (als Quelle oder Ursprung des Wissens).

Als alleinstehendes Zeichen wird 本 moto, aber auch HON ausgesprochen, im Zusammensetzung mit anderen Zeichen meist HON. (25)

Wenn das Zeichen für *Ursprung* 本 mit dem für *Sonne* 日 zusammengesetzt wird, entsteht 日本 "Ursprung der Sonne". Es wird NIHON oder NIPPON ausgesprochen und ist die japanische Bezeichnung für *Japan.*

Osten

Das Zeichen für Osten setzt sich zusammen aus dem Zeichen für *Sonne* 日 und dem Zeichen für *Baum* 木. Dort, wo die Sonne hinter dem Baum aufgeht, ist Osten. Diese beiden Kanji werden hierbei als ein Zeichen zusammengeschrieben: 東. Als einzelnes Wort wird es higashi ausgesprochen, zusammengesetzt mit anderen Zeichen TÔ. (71)

Hauptstadt

Steinlaternen waren an den Toren des chinesischen Kaiserpalastes plaziert, später auch an den Toren der Kaiserstadt. Diese Laternen symbolisierten den Hauptsitz bzw. die Hauptstadt des Reiches. Das Bild der Steinlaternen wurde damit das Zeichen für *Hauptstadt.*

Ursprünglich sah das Bild so aus:  . Die Chinesen vereinfachten es zu  , schließlich zu 京. Ausgesprochen wird es KYÔ oder KEI. (189)

Tokio

Die Kombination der Zeichen für *Osten* 東 und *Hauptstadt* 京 ergibt 東京 = TÔKYÔ, also "östliche Hauptstadt".

Flügel, Feder

Die Chinesen wählten das Bild eines Vogelflügels als Zeichen für *Flügel* oder *Feder:* . Das Piktogramm war zuerst , später 羽. Dieses Zeichen steht für *Flügel,* und zwar für alle Arten von *Flügeln:* z.B. von Vögeln, Schmetterlingen, Engeln oder Flugzeugen. Seine Aussprache lautet hane oder ha, wenn es allein steht, und U zusammen mit anderen Silben. Es ist das erste Kanji in Haneda, dem Namen des Tokioter Flughafens. (s. u.) (590)

Reisfeld

Das zweite Kanji in Haneda bedeutet *Reisfeld.* Reisfelder sahen für die Chinesen so aus: 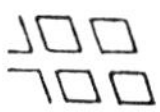.

Sie malten das Piktogramm zuerst , die heutige Form ist 田. Ausgesprochen wird es ta oder da, in Zusammensetzungen auch manchmal DEN. (35)

Haneda wird 羽田 "Flügel-Feld" geschrieben.

Die Motorrad- und Autofirma Honda schreibt sich mit den Kanji für *Ursprung* oder *Wurzel* und für *Reisfeld* 本田.

Kraft, Macht

Eine Hand, die etwas nach unten drückt, war für die Chinesen ein Bild für Kraft oder Macht: .

Alle Finger zeichnen zu müssen, war zu aufwendig. Daher vereinfachten sie das Bild zu: . In der heute gebräuchlichen Form wurde dieses Bild quadratisch gemacht zu 力. Es hat die Bedeutung *Kraft* oder *Macht*. Alleinstehend wird es chikara ausgesprochen, zusammengesetzt mit anderen Zeichen RYOKU oder auch RIKI. (100)

Mann

Die Chinesen fügten zum Bild der *Kraft* 力 das *Reisfeld* 田 hinzu und schufen damit das Zeichen für *Mann:* 男. Dieses Zeichen wird otoko ausgesprochen, zusammen mit anderen Zeichen DAN oder NAN. (101)

Frau

Ein schwangeres Mädchen mit ausgestreckten Armen wurde das Bild für *Frau:* . Dieses Bild wurde vereinfacht zu 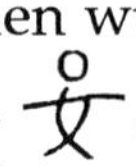, schließlich zu 女. Es wird onna ausgesprochen, wenn es allein steht, und JO oder NYO in Verbindung mit anderen Zeichen.

Die Zeichen 女 und 男 findet man häufig an Toilettentüren in öffentlichen Gebäuden. (102)

Mutter

Dem Kanji für *Mutter* liegt das Zeichen für *Frau* zugrunde, bei dem die Brüste eingezeichnet sind: . Später wurde ein Hut oder eine Kopfbedeckung hinzugefügt, um dem Zeichen mehr Balance zu geben: .

Schließlich wurde es zu 母 vereinfacht. Es wird haha ausgesprochen, kommt aber auch in der ehrerbietigen Form okâsan お母さん vor. In Zusammensetzungen liest man es BO. (112)

Mensch

Das Zeichen für *Mensch* haben die Chinesen vom Bild eines

Menschen abgeleitet: . In der heute gebräuchlichen Form ist es vereinfacht zu 人. Es wird hito ausgesprochen, wenn es allein steht, und NIN oder JIN im Zusammensetzungen mit anderen Zeichen.

日本人 wird nihonjin gelesen und bezeichnet einen *Japaner.* (1)

Jeder

Ausgehend von dem Gedanken, daß jeder *Mensch* 人 eine *Mutter* 母 hat, kombinierten die Chinesen die beiden Zeichen zu einem neuen Zeichen mit der Bedeutung *jeder.*

Bei der Kombination von zwei Zeichen wird im allgemeinen ein Zeichen - manchmal auch beide - etwas verändert, damit beide Zeichen gut proportioniert in einem Quadrat untergebracht werden können. In diesem Fall wurde das Zeichen 人 in 𠂉 verändert. Das kombinierte Zeichen wurde zu 毎. Seine Aussprache lautet MAI.
Das Wort 毎日 mainichi bedeutet *jeder Tag* oder *täglich.* Es ist auch der Name einer großen japanischen Tageszeitung. (116)

Kind

Das Zeichen für *Kind* haben die Chinesen ursprünglich als gewickeltes Baby gemalt: . Als geschriebenes Wort war seine Form dann  und wurde später vereinfacht zu 子. Es wird ko ausgesprochen, wenn es allein steht, zusammengestzt mit anderen Zeichen SHI oder SU.

男の子 otokonoko ist ein männliches Kind, also ein *Junge.*
女の子 onnanoko ist ein weibliches Kind, also ein *Mädchen.*

子 ko wird häufig als letztes Zeichen in japanischen Mädchen-namen gebraucht. (103)

Liebe, Güte

女 *Frau* und 子 Kind zusammen bilden *Liebe* oder *Güte* 好. Dieses Zeichen wird einzeln konomu oder suku ausgesprochen, KÔ zusammen mit anderen Zeichen.

Als Verb bedeutet es *mögen* und wird suku ausgesprochen, häufig verändert zu suki (*Ich habe das gern* oder *Ich mag dich).*

Als Adjektiv mit der Bedeutung *gut, schön* wird es ii ausgesprochen. (104)

groß

Ein Mann mit ausgebreiteten Armen bedeutet für die Chinesen *Größe:* . Anfangs wurde es so geschrieben , in der endgültigen Form 大. Dieses Zeichen heißt *groß*. Seine Kun-Lesung ist ôkii oder ô, seine On-Lesung DAI oder TAI. (26)

大田	Ôta	"großes Reisfeld", der Name eines Stadtbezirks in Tokio, häufig auch ein Familienname.
大木	Ôki	"großer Baum", auch Familienname

klein

Ein Mann mit herabhängenden Armen war für die Chinesen das Bild für *klein* und *unbedeutend:* . Das erste Zeichen hierfür wurde so gemalt: . In seiner heutigen Form wurde es 小. Alleinstehend wird es chiisai, ko oder o ausgesprochen, zusammengesetzt mit anderen Zeichen SHÔ. (27)

stehen, aufstehen

Der Begriff *stehen* wurde von den Chinesen durch einen Menschen dargestellt, der aufrecht auf dem Boden steht: 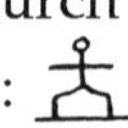.

Das erste Zeichen hierfür schrieben die Chinesen folgendermaßen:  . Die heute gebräuchliche Form wurde zu 立. Es bedeutet *stehen* oder *aufstehen, aufgehen* und wird alleinstehend tatsu ausgesprochen. Zusammengesetzt mit anderen Zeichen wird es RITSU gesprochen, manchmal auch TACHI. (121)

eins, zwei, drei

Die nächsten Zeichen stehen für *eins, zwei* und *drei:* 一, 二, 三. Bis *drei* haben die Chinesen eine Linie pro Zahl genommen: 一 für *eins,* 二 für *zwei* und 三 für *drei.* Die Zeichen werden hitotsu, futatsu und mitsu ausgesprochen, wenn unterschiedliche Sachen gezählt werden, bzw. ICHI, NI und SAN, wenn nur die Zahl selbst genannt wird. (2,3,4)

fünf

Die Zahl *fünf* wude anfangs so geschrieben: 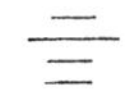 , also zwei weitere horizontale Linien zur *drei* hinzu. Dies wurde aber zu aufwendig und war auch verwirrend. Die Chinesen änderten es und malten zwei Linien senkrecht:  . In der heutigen Form 五 ist eine Ecke geöffnet. Es wird itsutsu bzw. GO ausgesprochen.(7)

zehn

Das Bild für die Zahl *zehn* wurde von den zehn Fingern zweier sich überkreuzender Hände genommen:  . Es wird heute 十 geschrieben und tô oder to bzw. JÛ ausgesprochen. (12)

十人 jûnin zehn Personen

vereinigen

Die Chinesen haben das Zeichen für *Macht* 力 (s. S. 15) verdreifacht, dann mit *zehn* kombiniert bzw. multipliziert und folgendes Zeichen entworfen: 協. Es symbolisiert viele Kräfte zusammen und bedeutet *vereinigen* oder *zur Zusammenarbeit zusammenkommen.* Ausgesprochen wird es KYÔ.

Das zusammengesetzte Zeichen 協力 kyôryoku, eigentlich "vereinigte Macht", bedeutet *Zusammenarbeit* oder *Kooperation.* (234)

Fluß

Vom Bild eines fließenden Gewässers  haben die Chinesen das Zeichen für Fluß entlehnt:  . In der heutigen Form wurden die Linien begradigt und aufgerichtet: 川 . Das Wort wird kawa ausgesprochen, manchmal zu gawa verändert, wenn es sich phonetisch besser einfügt. (33)

Tachikawa, eine Stadt in der Nähe Tokios mit einem amerikanischen Flottenstützpunkt, wird folgendermaßen geschrieben: 立川, Zeichen für Zeichen übersetzt "aufgehender Fluß".

川 wird häufig in Familiennamen verwendet:

立川	Tachikawa	"aufgehenderFluß", Städte- und Familienname
大川	Ôkawa	"großer Fluß"
小川	Ogawa	"kleiner Fluß"

Wasser

Wenn man einen Fluß staut, wird Wasser gespeichert. Diesen Vorgang stellten die Chinesen bildlich folgendermaßen dar:  . Das erste Zeichen für *Wasser* sah so aus:  , heute 水. Ausgesprochen wird es mizu, zusammengesetzt SUI. Eine Ausnahme ist 大水 *Hochwasser,* denn es wird ômizu ausgesprochen. (21)

eintreten, einlassen

Die Chinesen wählten das Bild eines kleinen Flusses, der in einen großen mündet, um das Wort *eintreten* darzustellen: . In der heute gebräuchlichen Form wurden die Flüsse zu Linien: 入. Dieses Zeichen wird hairu oder iru ausgesprochen,wenn es einzeln steht, oder ireru mit der Bedeutung *einlassen*. Zusammengesetzt mit anderen Zeichen wird es NYÛ ausgesprochen.

Dieses Zeichen erscheint an Eingängen von Bahnhöfen, Hotels und Kaufhäusern. Manchmal erscheint es allein, 入, häufig aber zusammen mit 口, was das Zeichen für *Mund* oder *Öffnung* ist.(52)

Mund, Öffnung

Das Zeichen für *Mund*  oder *Öffnung* wurde zuerst so gemalt: . Dann, nach kleinen Änderungen, wurde die heutige Form 口. Es wird kuchi ausgesprochen, je nach vorangehendem Konsonant aber auch zu guchi verändert. Seine On-Lesung ist KÔ oder KU. (54)

Viele Eisenbahn-, U-Bahn- oder S-Bahn-Stationen haben einen

東口	higashiguchi	*Ost-Eingang* oder einen
西口	nishiguchi	*West-Eingang.*
入口	iriguchi	"Eingangs-Öffnung" *Eingang*

Mitte, innerhalb

Ein *Mund* 口 mit einem Strich durch die Mitte 中 bedeutet *Mitte,* auch *innerhalb.* Das Zeichen wird naka oder CHÛ ausgesprochen und kommt häufig in Familien- und Ortsnamen vor. (28)

Einige Beispiele für Familiennamen:

中田	Nakada	"Mittelfeld"

田中	Tanaka	"Feldmitte"
中川	Nakagawa	"Mittelfluß"
川中	Kawanaka	"Flußmitte"

Andere Beispiele mit dem Zeichen 中:

中立	chûritsu	"in der Mitte stehen" *neutral*
日中	nitchû	"in der Mitte des Tages" *tagsüber*.
女中	jochû	"Mädchen innerhalb" *Hausmädchen, Hausangestellte*.

Mitte, Zentrum

Ein *Mund* mit einem Strich durch die Mitte 中 bedeutet, wie oben dargestellt, *Mitte* im Sinne von *innerhalb*. Die Chinesen hatten aber noch ein weiteres Zeichen für *Mitte* im Sinne von *Zentrum*. Sie malten einen Kreis um die Mitte eines Menschen, der seine Arme ausgebreitet hat:  . Daraus entstand das Kanji 央, das Ô ausgesprochen wird. Dieses Kanji wird nie alleinstehend gebraucht, immer nur zusammengesetzt. Eines der zusammengesetzten Zeichen ist 中央 chûô (eigentlich "Mitten-Mitte") *Mitte* oder *Zentrum*. (351)

Dieses Zeichen kann relativ häufig gesehen werden, z.B.:

中央口	chûôguchi	*Zentraleingang* , z.B. im Tokioter Hauptbahnhof
中央	Chûô	Name einer Bahnlinie und auch eines Stadtbezirks in Tokio.

reflektieren

Die *Sonne* 日 kombiniert mit *Zentrum* 央 bildet ein neues Zeichen 映 und bedeutet so viel wie *ein Bild reflektieren.* Dieses Zeichen wird immer dann benutzt, wenn z.B. ein Bild aufgenommen, ein

Dokument kopiert, ein Film gezeigt oder ein Bild in einem Spiegel reflektiert wird.

Mit anderen Worten: immer dann, wenn ein Bild von einem Ort zu einem anderen übertragen wird.

Alleinstehend wird es utsusu ausgesprochen (transitiv) und utsuru, wenn es intransitiv genutzt wird. Zusammengesetzt mit anderen Zeichen wird es EI ausgesprochen. (352)

Bild

Das Zeichen für *Bild* und *Grenzlinie* entstand durch ein *Reisfeld* 田 mit einer Grenzlinie: [田]. Es wurde weiter verändert zu 画 und hieß ursprünglich *ziehe eine Grenze herum.* Später, als eine Grenzlinie, besser eine Abgrenzung, ohnehin zu einem Bild gehörte, wurde dieses Zeichen für *Bild* allgemein benutzt. Seine Aussprache ist GA. (343)

Reflektieren 映 wird mit dem Zeichen für *Bild* kombiniert, um die Zeichen für *Film* zu erhalten: 映画, eigentlich "reflektiertes Bild". Es wird EIGA ausgesprochen. Zwei der größten japanischen Filmstudios, zu denen noch eine Theaterkette gleichen Namens gehört, heißen

大映	Daiei	"Große Reflektion"
東映	Tôei	"östliche Reflektion".

日本画 nihonga bedeutet *japanisches Gemälde.*

alt

Der Begriff *Mund* 口 steht gelegentlich auch für *Mensch,* wie wir im Deutschen sagen "er hat eine Menge Mäuler zu stopfen". In dem Zeichen 古 steht 口 für eine ganze Generation, während 十 *zehn* bedeutet, 古 sind also "zehn Generationen". Die Chinesen stellten so den Begriff *alt* dar. Das Zeichen wird, wenn es allein gebraucht wird, furui ausgesprochen, zusammen mit anderen Zeichen KO. (172)

Manchmal wird das Zeichen in Familiennamen benutzt:

古田	Furuta	"altes Feld"
古川	Furukawa	"alter Fluß".

Ware, Sachen

Die Chinesen nahmen drei *Münder* oder *Öffnungen* 口口口, die hier an Öffnungen von Kästen erinnern, stapelten sie aufeinander, um ein Bild für viele Kisten oder Kästen zu erhalten: 品. Dieses Zeichen wurde entwickelt, um *Ware* oder *Sachen* auszudrücken. Es wird alleine shina ausgesprochen und HIN in Kombination mit anderen Zeichen

Mit den drei Kanji 中 chû *Mitte,* 古 ko *alt* und 品 shina *Sachen* wird das Wort 中古品 chûkohin "mittel-alte-Sachen" *Gebrauchtwaren* gebildet.

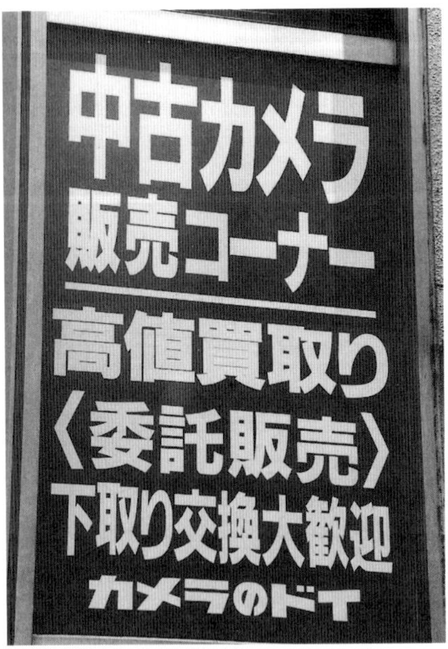

中古
chûko
gebraucht

カメラ
ka me ra
Fotoapperat

品川 Shinagawa, ein Stadtbezirk in Tokio (manchmal zu 品 abgekürzt), was häufig auf Zulassungsschildern von Autos zu sehen ist. Diese Autos sind bei der Shinagawa-Zulassungsstelle zugelassen worden, welche eine von vieren in Tokio ist. (230)

品川 Shinagawa Stadtbezirk in Tokio

Stadtbezirk, Distrikt

Drei *Mäuler* oder *Öffnungen* 品, die von einer Grenze umgeben sind, bilden das Zeichen 區. Es wird KU ausgesprochen oder I und heißt *Stadtbezirk.*

Dieses Zeichen ist vereinfacht worden, indem die drei Kästen durch ein Kreuz ersetzt wurden: 区. (183)

Beispiele aus Tokio:

品川区 Shinagawa-ku
中央区 Chûo-ku
大田区 Ôta-ku.

Stadt, Stadtviertel, Block

Eine andere Ortsbezeichnung bedeutet das Zeichen 町. Es wird machi ausgesprochen, wenn es allein steht, und CHÔ zusammen mit anderen Zeichen.

Dieses Zeichen wurde von einem *Reisfeld* 田 und einem davorstehenden Schild 丁 gebildet, das dem Reisfeld einen Namen gibt. Das Zeichen 町 bedeutet *Stadtviertel, Block* oder *Sektion eines Stadtteils.* Jeder *Stadtteil* 区 hat in der Regel viele 町. (182)

Maßeinheit

Das Zeichen 丁 alleine steht für ein eigenes Wort mit der Bedeutung *Maßeinheit.* Wie 町 wird es auch CHÔ ausgesprochen. Es tritt in dem Begriff CHÔME auf, bei dem CHÔ 丁 und ME (Zeichen für *Auge,* s. S. 56) 目 geschrieben wird. (184)

Die meisten 町 sind weiter unterteilt in numerierte CHÔME, z.B.:

一丁目	ichôme	*1. Chome, Block 1*
二丁目	nichôme	*2. Chome, Block 2*
三丁目	sanchôme	*3. Chome, Block 3.*

sagen

Ein *Mund* 口, der etwas spricht, was durch Linien dargestellt wird, bildet das Zeichen 言. Es bedeutet *sagen* und wird iu bzw. GEN ausgesprochen. (66)

Vertrauen, Glaube

Ein *Mensch* 人 und das, was er *sagt* 言, bilden zusammen das neue Zeichen 信 mit der Bedeutung *Vertrauen* oder *Glaube.*

Wenn zwei Zeichen kombiniert werden, um ein neues Zeichen zu bilden, wird - wie bereits besprochen - eines von beiden verändert, um das neu entstandene Zeichen so schreiben zu können, daß es in ein Quadrat paßt. In dem Beispiel *jeder* (s. S. 17) wurde das Zeichen für Mensch 人 in eine waagerechte Position verändert, weil es oberhalb des Zeichens *Mutter* 毎 geschrieben wurde. Im Beispiel 信 erscheint das Zeichen an der Seite, also senkrecht, und ist schmaler geworden.

Das Zeichen 信 wird SHIN ausgesprochen. Es wird auch häufig in der Finanzwelt verwendet, z.B in Namen von Geldinstituten.

(157)

rechnen, messen

Sagen 言 kombiniert mit *zehn* 十 ergibt ein neues Zeichen 計 und bedeutet *rechnen* oder auch *messen.*

Dieses Zeichen erscheint z.B. in Kaufhäusern und Restaurants überall dort, wo Kassen stehen und bezahlt werden kann. Hier bedeutet es *zählen* bzw. *zahlen*.

お会計 ôkaikei *Kasse*

Das Zeichen erscheint auch auf Meßinstrumenten, z.B. Thermometern oder Tachometern. In diesem Fall bedeutet es *messen*. Auf diesen Instrumenten erscheint in aller Regel ein weiteres Zeichen, das angibt, was mit diesem Instrument gemessen wird.

計 wird hakaru ausgesprochen, wenn es allein steht, und KEI, wenn es mit anderen Zeichen zusammengesetzt ist. (340)

Zunge

Ein *Mund* □ mit einer heraushängenden Zunge , die etwas aufgefächert ist 舌, bedeutet *Zunge*. Steht dieses Zeichen alleine, so wird es shita ausgesprochen, steht es zusammen mit anderen Zeichen, spricht man es ZETSU. (1259)

sich unterhalten, sprechen

Bei den Chinesen war eine Unterhaltung mehr als bloßes Sagen. So fügten sie eine *Zunge* 舌 zum Zeichen des *Sagens* 言 hinzu und schufen ein neues Zeichen 話, was *sich unterhalten* oder *sprechen* bedeutet. Es wird hanasu ausgesprochen, in Verbindung mit anderen Zeichen WA. (238)

Leben, Aktivität

Eine feuchte Zunge war bei den Chinesen ein Zeichen für Leben. Sie fügten das Zeichen für *Wasser* 水 zum Zeichen der *Zunge* 舌 und bildeten so das Zeichen für *Leben* oder *Aktivität*.

Wenn *Wasser* 水 mit anderen Zeichen kombiniert wird, ändert es seine Form beträchtlich. Die Änderungen gehen über 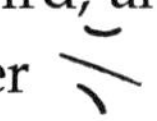, dann , bis endlich zu . Dieses Piktogramm wird sehr häufig als ein Baustein bei anderen Zeichen benutzt und stellt immer eine Verbindung zu Wasser oder etwas Flüssigem im allgemeinen dar.

Die heute gebräuchliche Form für *Leben* oder *Aktivität* ist 活 und wird KATSU ausgesprochen. (237)

日活 Nikkatsu "Sonnen-Leben", Name einer bekannten japanischen Filmgesellschaft.

Wort, Sprache

Ein *Wort* oder die *Sprache* ist immer etwas, was mit *sagen* 言 zu tun hat. Die Chinesen kombinierten hier die *fünf* 五, um viel auszudrücken, mit dem *Mund* 口. Das vollständige Zeichen 語 steht für *Sprache* und wird GO ausgesprochen. (67)

日本語 nihongo *japanische Sprache*

oben, unten

Für *oben* und *unten* haben die Chinesen zuerst einen Punkt unterhalb bzw. oberhalb einer Linie gemalt:  . Um die Zeichen leichter schreiben und vor allem erkennen zu können, wurde der Punkt zu einer vertikalen Linie erweitert und mit einem Griff versehen: 上 下.

上 heißt *über* oder *oben auf*, wird ue ausgesprochen, wenn es allein steht, und JÔ im Zusammenhang mit anderen Zeichen.

下 heißt *drunter* oder *unterhalb*, wird als alleiniges Zeichen shita oder moto, zusammengesetzt KA oder GE ausgesprochen.

Als Verb wird 上 agaru *steigen* oder ageru *emporheben, erhöhen* und 下 sageru *herablassen, herunternehmen* oder sagaru *herabhängen, fallen* ausgesprochen.

下 hat noch eine weitere Bedeutung und Aussprache: kudaru *hinuntergehen* oder kudasaru *geben* (eigentlich *herabreichen*). Hier stammt der Ausdruck kudasai her, was soviel bedeutet wie *Geben Sie mir bitte!* oder allgemein *bitte sehr*, z.B. Sore o misete kudasai. *Zeigen Sie mir das bitte*. (31,32)

Einige Beispiele, bei denen 上 und 下 vorkommen:

上映中	jôeichû	eigentlich: "auf dem Bild in der Mitte". Diese Zeichen erscheinen auf Plakaten in Filmtheatern und bedeuten: *Heutiges Programm.*

上映中
jôeichû
Heutiges Programm

下水	gesui	"unten-Wasser" *Kanalisation*
下町	shitamachi	"Unter-Stadt", *Altstadt* im Sinne von Stadtzentrum

Beispiele von Eigennamen:

川上	Kawakami	"oberer Fluß"
上田	Ueda	"oberes Feld"
下田	Shimoda	"unteres Feld".

Außerdem ist Shimoda der Name der Stadt südlich von Tokio, in der der amerikanische Admiral Perry landete, der die Öffnung Japans nach einer über 200-jährigen Isolation erzwang. (32, 31)

Berg

Das Bild für den Begriff *Berg* wurde von einer Gebirgskette mit drei Gipfeln genommen. Die Chinesen hatten es zuerst so gemalt:  . Dann wurde jeder Gipfel eine Linie, und das heutige Zeichen für *Berg* entstand: 山.

Allein wird es yama ausgesprochen und SAN zusammen mit anderen Zeichen. Es ist das san in Fujisan, dem Berg Fuji. (34)

Wie alle Zeichen aus der Natur ist 山 ein beliebtes Zeichen in Familiennamen:

山下	Yamashita	"Unter dem Berg", "am Fuße des Berges"
山川	Yamakawa	"Bergfluß"
大山	Ôyama	"großer Berg"
山中	Yamanaka	"in der Mitte des Berges", Name eines der fünf Seen am Fuji
山本	Yamamoto	"Ursprung des Berges".

山 ist häufig auch Bestandteil der Namen von Sumo-Ringern.

Tal

Eine *Öffnung* 口 in einer Gebirgskette  deutet auf ein Tal hin. Die Gebirgskette wurde zuerst  gemalt, später  . Das vollständige Zeichen ist 谷. Es wird tani ausgesprochen, KOKU zusammen mit anderen Wörtern, auch YA in Eigennamen. (653)

Das Ôtani-Hotel schreibt sich 大谷 "großes Tal".

Stein

Eine Felsenklippe  mit einem Stein  darunter war das erste Piktogramm für *Stein.* Die heutige Form ist 石. Dieses Zeichen wird ishi ausgesprochen und SEKI zusammen mit anderen Zeichen. (78)

Es wird oft in Eigennamen gebraucht:

石田	Ishida	"Steinfeld"
石川	Ishikawa	"Steinfluß"

Öl

Das Zeichen für *Öl* besteht aus einem *Feld* 田 mit einem herausragenden Stock: 由. Um darzustellen, daß etwas Flüssiges aus dem Boden gewonnen wird, wurde das Zeichen für *Wasser* in verkürzter Form (s.S. 28) hinzugefügt. Das vollständige Zeichen schreibt sich 油 und wird abura ausgesprochen, wenn es allein steht, und YU zusammen mit anderen Zeichen. (364)

石油	sekiyu	"Steinöl" *Petroleum*

Der Name der meisten Tankstellen in Japan besteht aus einem Eigennamen und dem Zeichen 石油 .

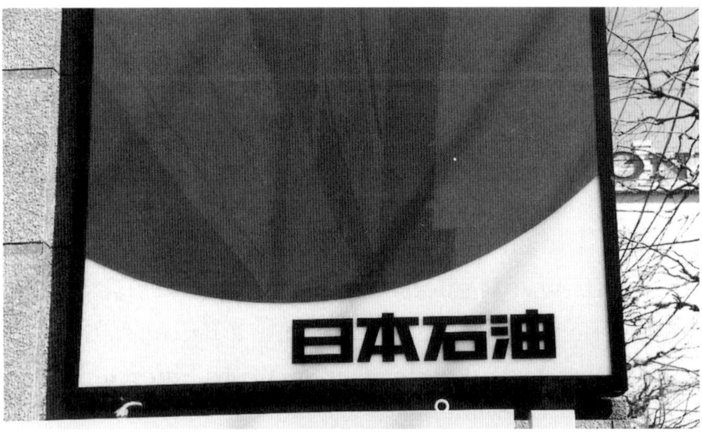

日本石油 Nihon sekiyu *Japan-Petroleum*

油 wird für alle Öl-Arten verwendet. So hat z.B. jede Flasche mit Salatöl dieses Zeichen.

油 ist das zweite Zeichen in shôyu, *Sojasoße*, die aus Sojabohnen-Öl hergestellt wird.

Mond, Monat

Das Bild eines Viertelmondes wurde das erste Zeichen für *Mond*: . Die Chinesen vereinfachten es zu 月. Es wird tsuki ausgesprochen, GETSU oder GATSU, wenn es mit anderen Zeichen zusammensteht. (17)

Wie die *Sonne* 日 wird auch der *Mond* als Zeitmaß benutzt. Ein 日 ist ein Tag, ein 月 ist ein Monat. Die Monatsnamen setzen sich zusammen aus der entsprechenden Zahl zwischen eins und zwölf und dem Zeichen 月.

一月	ichigatsu	*Januar*
二月	nigatsu	*Februar*
三月	sangatsu	*März*
四月	shigatsu	*April**)
五月	gogatsu	*Mai*
六月	rokugatsu	*Juni* *)
七月	shichigatsu	*Juli* *)
八月	hachigatsu	*August* *)
九月	kugatsu	*September* *)
十月	jûgatsu	*Oktober*
十一月	jûichigatsu	*November*
十二月	jûnigatsu	*Dezember*

*) Für die noch nicht eingeführten Zahlen s.S. 125

Abend

Der Vollmond hinter einem Berg  war bei den Chinesen das Bild für den Abend. Sie schrieben es zuerst , später dann 夕.

Es wird yû ausgesprochen, wenn es allein steht, und SEKI zusammen mit anderen Kanji. (81)

draußen

Das Zeichen 夕 *Abend* wird mit einer Wünschelrute 卜 kombiniert, die früher in China von Wahrsagern benutzt wurde. Es entstand das Zeichen 外, das mit *draußen* oder *außerhalb* übersetzt wird. Der Grund für diese Bezeichnung liegt darin, daß Wahrsager nachts bei Mondschein - und somit draußen - arbeiteten.

Es wird soto ausgesprochen, wenn es allein steht, und GAI oder GE zusammen mit anderen Zeichen. (83)

外人 gaijin ist eine "Draußen-Person" und bedeutet *Ausländer*.

Name, Ruf

Das Zeichen für *Abend* 夕 kombiniert mit *Mund* 口, der hier ein offener Mund sein soll und einen Namen ausruft, bildet das Zeichen für *Name:* 名.

Dieser für uns ungewohnte Zusammenhang rührt daher, daß im frühen China die Wachen an den Stadttoren die um Einlaß Bittenden aufforderten, ihren Namen auszurufen, bevor ihnen das Tor geöffnet wurde.

Seine Kun-Lesung ist na und seine On-Lesung MEI oder MYÔ. (82)

Ein 名人 meijin ist eine Person, die in ihrem Fach einen guten Ruf hat, also ein *Meister*.

Ein 名画 meiga "Namen-Bild" ist ein *berühmtes Bild*, ein *Meisterwerk*.

Auf allen Antragsformblättern findet man eine Zeile mit dem Zeichen 名, in die der Name eingetragen werden soll.

viel, viele

Ein aufgehender Mond 夕, das Zeichen für Abend (s. S. 33), kombiniert mit einem zweiten 多, bedeutete ursprünglich *viele Monde*. Später gaben die Chinesen die Bedeutung *Monde* auf und ließen *viele* ohne die Monde stehen. 多 bedeutet *viel, viele* und wird ôi ausgesprochen und TA in Zusammensetzung mit anderen Zeichen. (229)

Man sieht 多 häufig auf Autoschildern, weil ta die Abkürzung von Tamagawa , einer der vier Zulassungsstellen in Tokio, ist.

Licht

Der *Mond* 月 kombiniert mit der *Sonne* 日 ergibt das Zeichen 明. Es bedeutet *Licht* oder *Helligkeit* und wird akari ausgesprochen, in Kombination mit anderen Zeichen MEI. Akarui bedeutet *hell* und akeru *hell werden.* (18)

Lichtstrahlen

Wie auf Seite 13 gezeigt, war das ursprüngliche Bild der Chinesen für *Sonne* 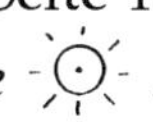 . In der nächsten Stufe schrieben sie es ohne Strahlen  . Die Strahlen 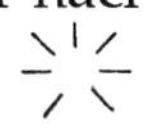 fügten die Chinesen zusammen und schufen ein neues Zeichen für *Strahlen*:  . In der heutigen Form wurde es quadratisch gemacht und ausbalanciert: 光.

Es bedeutet *Lichtstrahl, Licht;* sowohl natürliches Licht als auch künstliches oder reflektiertes. Es wird auch als Verb benutzt: *scheinen, funkeln, blitzen*.

Alleine wird es hikari ausgesprochen, in Kombination KÔ, in Personen- und Familiennamen manchmal auch mitsu . (138)

日光	Nikkô	*Sonnenschein* ist auch der Name eines berühmten Kurortes in der Nähe von Tokio.

Abschnitt 2: Von Pflanzen und Bäumen

früh, schnell

Das Bild der Sonne, die in der Morgendämmerung über den Blumen aufgeht, symbolisierte für die Chinesen die Bedeutung *früh:*  . Das Bild wurde vereinfacht zu einer Blume, über der die Sonne aufgeht: .

Die Sonne wurde bereits vereinfacht zu 日. Auch die Blume wurde vereinfacht zu 十. Das heutige Zeichen ist 早. Es wird *hayai* oder *SÔ* ausgesprochen und bedeut sowohl *früh* als auch *schnell*. (248)

早 wird mit zwei zusätzlichen Kana zu お早う ohayô ergänzt, was bei den Japanern als Morgengruß benutzt wird und dem deutschen *Guten Morgen* entspricht. Es bedeutet in etwa *es ist früh*.

Die höfliche Variante dieses japanischen Morgengrußes lautet お早うございます ohayô gozaimasu.

Morgen

Den *Morgen* wollten die Chinesen darstellen durch die aufgehende Sonne über Blumen und daneben den Mond. Da sie schon entschieden hatten, daß 早 das Zeichen für *früh* war, wäre dieses Zeichen zusammen mit 月 das Kanji für *früher Mond* anstatt für *Morgen* geworden. So fügten die Chinesen eine weitere Blume über der Sonne hinzu und bildeten so 朝 - das Zeichen für *Morgen*. Es wird asa ausgesprochen, zusammen mit anderen Zeichen CHÔ. (469)

朝日 asahi *Morgensonne* oder die *aufgehende Sonne* ist ein populärer Firmenname in Japan, auch eine bekannte Biermarke.

Erde

Eine Blume, die aus der Erde hervorsprießt, ist ein Symbol für Erde: .

Da die Blume, wie oben gezeigt, zu 十 vereinfacht wurde, sieht das heutige Zeichen 土 aus. Es wird tsuchi ausgesprochen, DO oder TO zusammen mit anderen Zeichen. (24)

土木 doboku wörtlich: "Erde und Holz", sind die Zeichen für *Tiefbau*, auch *Bauingenieurwesen*. Es müßte eigentlich domoku ausgesprochen werden, wurde aber aus phonetischen Gründen zu doboku geändert.

Viele Baufirmen benutzen dieses Zeichen in ihren Namen, z.B.

山川土木 yamakawa doboku

herauskommen

Die aus der Erde in voller Blüte sprießenden Blumen symbolisierten für die Chinesen *herauskommen, hervorkommen*: . Es wurde zuerst  geschrieben, heute 出. Das Gegenteil ist *hereingehen* 入 (Bild eines kleinen Flusses, der in einen großen mündet (s. S. 21). 出 wird deru oder SHUTSU ausgesprochen. (53)

出口 deguchi Ausgang
入口 iriguchi Eingang

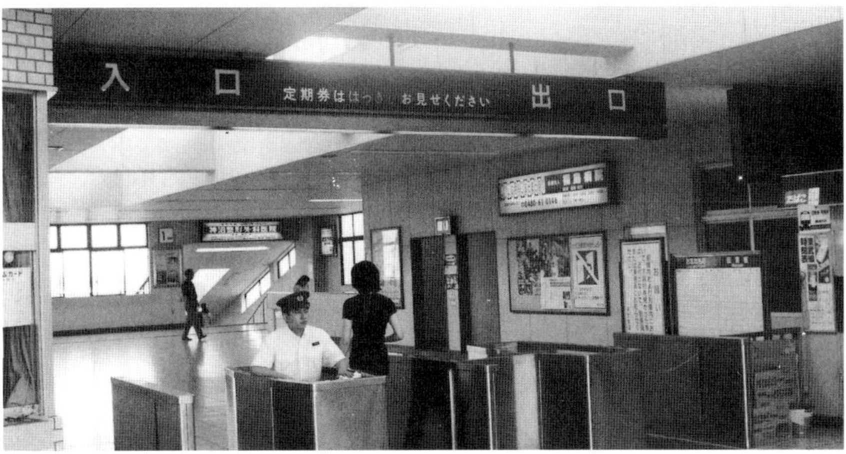

入口 iriguchi *Eingang*, 出口 deguchi *Ausgang*

geboren, Geburt

Wenn Blumen voll zur Reife gelangt sind und ihren Samen bereits ausstreuen, wechselt die Bedeutung von *herauskommen* zur *Geburt*:  .

Das Zeichen wurde zuerst  gemalt, später , und schließlich vereinfacht zu 生. Dieses Zeichen hat viele Bedeutungen, die aber alle irgendwie mit seiner ursprünglichen Bedeutung *Geburt* zu tun haben. (44)

Da mit 生 viele unterschiedliche Wörter geschrieben werden, hat dieses Zeichen auch viele unterschiedliche Lesungen. Einige Beispiele:

生む	umu	gebären
生まれる	umareru	geboren werden
生	nama	roh
性	SEI, SHÔ	Leben

In vielen Bierhallen sieht man das Zeichen 生. Hier wird es nama ausgesprochen und meint "rohes Bier" *Bier vom Faß, gezapftes Bier.*

Reis

Nachdem der Reis geblüht hat und geerntet wurde, steht das Stroh gebündelt auf dem Feld: 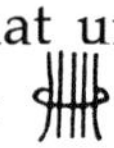 . Mit diesem Bild schufen die Chinesen ihr Schriftzeichen für Reis.

Das erste Zeichen sah so aus  , die heutige Form ist 米. Es wird kome ausgesprochen und BEI oder MAI zusammen mit anderen Zeichen.

米 bezeichnet allerdings nur den ungekochten Reis. (224)

weiß

Das Bild eines einzelnen Reiskorns  symbolisierte für die Chinesen die Farbe *weiß*. Später wurde das Piktogram vereinfacht und quadratisch gemacht zu 白. Wenn es allein steht, wird es *shiroi* ausgesprochen, und *HAKU* zusammen mit anderen Zeichen. (205)

Holz, Wald, Forst

Ein einzelner Baum 木 steht für *Baum* (s.S. 13), zwei Bäume 林 bedeuten *Hain* oder *Wäldchen,* drei Bäume 森 bedeuten *Wald* oder *Forst*.

林 wird alleine hayashi ausgesprochen und RIN zusammen mit anderen Zeichen. 森 wird mori ausgesprochen und SHIN in Kombinationen. (127,128)

Beide Zeichen werden häufig in Familiennamen gebraucht:

林	Hayashi	Wald
森	Mori	Wald, Forst
大林	Ôbayashi	Großer Wald
小林	Kobayashi	Kleiner Wald
大森	Ômori	Großer Forst
小森	Komori	Kleiner Forst
森山	Moriyama	"Forst-Berg"

Frucht, Ergebnis

Das Bild eines Baumes, der eine Frucht trägt, steht für die Bedeutung *Frucht*:  . Dieses Zeichen wurde von den Chinesen zuerst  gemalt, später zu 果 vereinfacht.

Wenn man das Zeichen nicht kennt, könnte man auf den Gedanken kommen, daß es vielleicht *Baumschule* bedeutet. Dies ist aber nicht der Fall. Es hat von seiner Entstehung her nichts mit dem Zeichen für Feld zu tun. Es bedeutet *Frucht,* im übertragenen Sinne auch *Ergebnis* und wird kuda oder KA ausgesprochen. (487)

Konfekt, Kuchen

Die Chinesen stellten ihr erstes Konfekt aus Früchten, Beeren und Nüssen her. Um dieses in einem Bild darzustellen, fügten sie zum vereinfachten Zeichen für *Pflanzen* und *Büsche* 十十 das Zeichen für *Frucht* 果, die ja an diesen Pflanzen wächst, hinzu. So entstand das Zeichen für Konfekt: 菓. Es wird - wie die Frucht - KA ausgesprochen. (1535)

Mit diesem Zeichen wird fast alles ausgedrückt, was süß schmeckt: Kuchen, Gebäck, Reis-Gebäck, japanisches Gebäck mit süßen Bohnen, Bonbons, kandierte Früchte usw.

菓子 kashi oder お菓子 okashi sind populäre Zeichen, die alle Konditoren an ihren Geschäften anbringen.

ruhen, ausruhen

Ein *Mensch* 人 neben einem *Baum* 木 bildet das Zeichen für *ruhen* 休. Es wird yasumu ausgesprochen und KYÛ zusammen mit anderen Zeichen. (60)

Dieses Zeichen hängt ein Geschäftsinhaber an seine Tür, wenn sein Geschäft wegen Urlaub geschlossen ist

休止中 kyûshichû *vorübergehend geschlossen* (s.S. 52)

Körper

Ein *Mensch* 人 mit einer *Wurzel* 本 bildet das Zeichen für *Körper* 体 "Wurzel des Menschen". Es wird karada ausgesprochen, TAI oder TEI zusammen mit anderen Zeichen. (61)

人体 jintai *menschlicher Körper*

Abschnitt 3: Von der menschlichen Hand

Hand

Eine Hand  wurde von den Chinesen zuerst so gemalt:  .

Später begradigten sie das Zeichen von  über  bis zur heutigen Form 手. Es wird te ausgesprochen und SHU zusammen mit anderen Zeichen. (57)

Freund

Zwei Hände, die zu einem Händedruck ausgestreckt sind, symbolisieren für die Chinesen *Freund*:  .

Dies wurde zuerst so gezeichnet , wurde dann vereinfacht zu  bis hin zur heutigen Form 友. Das Kanji wird tomo ausgesprochen, YÛ zusammen mit anderen Zeichen. (264)

Es ist das erste Kanji in tomodachi, dem japanischen Wort für *Freund.*

links

Das Zeichen für *links* entwickelten die Chinesen von der Hand eines Schreiners, der ein Lineal hält. Schreiner oder Zimmerleute halten im allgemeinen das Lineal immer mit der linken Hand und ziehen die Linien mit der rechten. Die linke Hand ist, wie im Beispiel tomo ナ(s.o.). Sie wird mit einem Lineal kombiniert, das zuerst so gezeichnet wurde: .

Später ist es verändert worden, erst], dann 工.

Das heutige Zeichen für *links* ist 左 und wird hidari ausgesprochen, SA zusammen mit anderen Zeichen. (75)

bauen, Erbauer

Das Lineal des Schreiners 工 ist bereits ein selbständiges Zeichen.

Es wird KU oder KÔ ausgesprochen und bedeutet *bauen* oder *der Erbauer.* (139)

大工 daiku "großer Erbauer" *Zimmermann*

人工 jinko wörtlich "vom Menschen gemacht", also *künstlich* im Gegensatz zu *natürlich.*

rechts

Um *rechts* darzustellen, wählten die Chinesen wiederum eine Hand zusammen mit dem Mund 口. Die rechte Hand führt die Nahrung zum Mund. Das heutige Zeichen ist 右 und wird migi ausgesprochen und U oder YÛ zusammen mit anderen Zeichen. (76)

haben, existieren

Eine Hand ナ, die , wie man meinen könnte, den Mond hält 有, bedeutet *haben* oder *existieren.* Tatsächlich hält die Hand hier aber nicht den Mond, sondern ein Stück Fleisch, das von den Chinesen ursprünglich so gemalt wurde: .

Die heutige Form des Zeichens für Fleisch ist 肉. Es wird NIKU ausgesprochen. (223)

Wenn 肉 mit anderen Zeichen kombiniert wird, ändert es nicht nur seine Aussprache, sondern auch seine Gestalt: es wurde von 肉 über 冈 in 月 geändert. Das ist aber exakt das gleiche Zeichen wie bei *Mond* oder *Monat.*

有 wird aru ausgesprochen, YÛ oder U zusammen mit anderen Zeichen. (265)

有名 yûmei "einen Namen haben", *berühmt.*

Maß

Das Bild einer Hand  mit einem Punkt oder Strich , der den

Abstand des Pulses vom Handgelenk zeigt, ist das Zeichen für das *Maß*. Die Chinesen haben es zuerst so gemalt: , endgültig 寸. Es wird SUN ausgesprochen. (1894)

Dorf

Wenn *Maß* 寸 mit einem *Baum* 木 kombiniert wird, entsteht das Zeichen 村 mit der Bedeutung *Dorf* (Form der sozialen Organisation, die dem Dschungel ein "Maß" gibt). Dieses Zeichen wird alleinstehend mura ausgesprochen und SON zusammen mit anderen Zeichen. (191)

村 kommt auch häufig in Ortsnamen vor:

中村	Nakamura	Mittel-Dorf
下村	Shinomura	Nieder-Dorf
本村	Motomura	Ursprungs-Dorf
田村	Tamura	Feld-Dorf
木村	Kimura	Baum-Dorf

bewachen, Wächter

Ein *Dach* wird von den Chinesen mit folgendem Zeichen dargestellt: 宀. Wenn das Zeichen für *Maß* 寸 mit einem *Dach* kombiniert wird, entsteht das Zeichen 守 mit der Bedeutung *bewachen, Wächter* oder *Wache*. Es wird mamoru ausgesprochen, SHU in Verbindung mit anderen Zeichen. (490)

Man findet dieses Zeichen häufig an Türen von Wachlokalen oder an Eingängen des Wachpersonals in großen Gebäuden.

Tempel

Wenn das Zeichen für *Maß* 寸 mit dem Zeichen für *Erde* 土 - hier im Sinne von *Ort* oder *Platz* - kombiniert wird, entsteht ein neues Zeichen 寺 mit der Bedeutung eines Ortes, an dem Gesetze gemacht werden. Gemeint ist *Tempel*, denn früher wurden Gesetze ausschließlich in Tempeln gemacht. Es wird tera ausgesprochen und JI zusammen mit anderen Zeichen. (41)

寺 ist im allgemeinen das letzte Zeichen bei Bezeichnungen von Tempeln, z.B.

東大寺	Tôdaiji	Großer östlicher Tempel in Nara.

寺 kommt auch in Familiennamen vor:

山寺	Yamadera	Berg-Tempel
寺本	Teramoto	Tempel-Ursprung

Poesie, Gedicht

Das Zeichen für *Tempel* 寺 kombiniert mit dem Zeichen für *sprechen* 言 ergibt das Zeichen 詩, also "Tempel-Sprache", d.h. *Poesie, Gedicht*. Es wird SHI ausgesprochen. (570)

Zeit, Stunde

Das Zeichen für *Tempel* 寺 mit der *Sonne* 日 kombiniert ergibt 時 und bedeutet *Zeit* oder *Stunde*. Im frühen China wurde im Tempel der Lauf der Sonne und damit die Zeit gemessen und bestimmt.

時 wird allein toki ausgesprochen, zusammen mit anderen Zeichen JI. Es ist das JI in nanji desu ka? *Wieviel Uhr ist es?* (42)

Es ist auch das "JI" in

一時	ichiji	1 Uhr
二時	niji	2 Uhr
三時	sanji	3 Uhr

Wenn *Stunde* 時 mit *messen* 計 (s.S. 27) kombiniert wird, entsteht 時計, wörtlich "Stundenmesser", also *Uhr*. Hier wird 時 to ausgesprochen, die Zeichen für *Uhr* werden tokei gelesen.

haben, halten, besitzen

Das Zeichen für *Tempel* 寺 kombiniert mit dem Zeichen der *Hand* 手 ergibt das Zeichen 持 und bedeutet *haben, halten, besitzen.* Das Zeichen für *Hand* ist leicht verändert, damit das Kanji besser in ein Quadrat paßt.

Im alten China war es ausschließlich der Tempel, der etwas besitzen und zum Eigentum haben konnte.

Es wird motsu ausgesprochen und JI in der Zusammensetzung mit anderen Zeichen. (451)

befestigen, dazugehören

Das Zeichen 寸, hier aber mit der Bedeutung einer *Hand,* kombiniert mit dem Zeichen für *Mensch,* ergibt 付 - die Hand haftet am Menschen - und bedeutet *befestigen* oder auch *anfügen.* Es wird allgemein als Verb gebraucht und tsuku *haften* oder tsukeru *befestigen* ausgesprochen. (192)

Den Wortstamm tsuki 付 kann man häufig auf Speisekarten oder Hotelbeschreibungen finden bei Angaben wie z.B. "mit Reis", "mit Brot" oder "Zimmer mit Bad".

erhalten, bekommen

Eine ausgestreckte Hand , die einen Stab oder einen Stock von einer anderen Hand bekommt, bildet ein Zeichen mit der Bedeutung *erhalten, empfangen:* 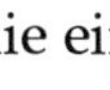 .

Die Form der unteren Hand wurde 又 , die gleiche wie beim Zeichen für *Freund* 友. Der Stab ist unverändert, und die obere Hand ist stark vereinfacht: .

Das heutige Form des Zeichens ist 受. Es wird ukeru ausgesprochen und JU mit anderen Zeichen. (260)

In der Kombination mit dem Verb 付 tsukeru entsteht 受付. Übersetzt man Zeichen für Zeichen direkt, so ergibt dies "empfangen-anhalten". Gemeint ist damit *Empfang* oder *Rezeption*. Diese Zeichen findet man sehr häufig an Rezeptionen von Hotels, Firmen oder anderen öffentlichen Gebäuden. Dieses zusammengesetzte Wort wird uketsuke ausgesprochen. Dabei wird die Aussprache der beiden Ursprungsworte verkürzt: tsukeru zu tsuke, ukeru zu uke.

An vielen Gebäuden, die noch in Bau sind, findet man in großer Schrift die Zeichen 受付中, uketsukechu, wörtlich "Empfangs-Mitte" oder "im Prozeß der Annahme von Anmeldungen". Hiermit soll ausgedrückt werden, daß *Räume zu vermieten* sind.

streiten, kämpfen

Wenn die gleichen Hände wie im vorigen Beispiel  und ein Stock so kombiniert werden, daß eine Hand den Stock erfaßt und von der anderen Hand entfernt:  , bedeutet das *kämpfen* oder *streiten*. Die heutige Form des Zeichens sieht so aus: 争. Es wird arasou ausgesprochen und SÔ zusammen mit anderen Zeichen. (302)

zusammen

Zwei Hände, die gemeinsam einen Ball halten  , bedeuten *zusammen*. Die Chinesen vereinfachten das Bild zuerst zu  , schließlich zu 共. Es wird tomo ausgesprochen, KYÔ zusammen mit anderen Zeichen. (196)

共立 kyôritsu, wörtlich "zusammen stehen", bedeutet *kooperativ, vereint* oder *gemeinsam*.

lernen, Wissenschaft, Studium

Zwei Hände , die Wissen - durch zwei Kreuze dargestellt - in den Kopf eines *Kindes* 子 gießen, wobei es innerhalb eines Gebäudes sitzt, bilden das Zeichen für *lernen*, auch *Wissenschaft* oder *Studium*.

Daraus entstand das Kanji 學. Die heutige, vereinfachte Form des Zeichens ist 学. Es wird manabu ausgesprochen und GAKU zusammen mit anderen Zeichen. (109)

学生	gakusei	"lernen-sein" *Student*
大学	daigaku	"großes Lernen" *Universität*
大学生	daigakusei	*Universitätsstudent*
東京大学	Tôkyô daigaku	*Universität Tokio,* häufig abgekürzt zu:
東大	Tôdai	

aufrechterhalten, unterstützen, Zweig

Eine *Hand* , die einen *Zweig*  hochhält, bedeutet *hochhalten, unterstützen, aufrechterhalten* oder *Zweig*. Mit *Zweig* ist hier aber nicht der Zweig eines Baumes oder Busches gemeint, sondern das, was vom Hauptstamm abgezweigt wurde, also Zweigstellen oder Zweiggeschäfte.

Der Zweig wurde ursprünglich so geschrieben , schließlich 十. Das vollständige Zeichen ist 支 und wird sasaeru ausgesprochen, SHI zusammen mit anderen Zeichen (318)

支持	shiji	"aufrechthalten-halten", *unterstützen*.

Um den Zweig eines Baumes darzustellen, wurde das Zeichen für *Baum* 木 mit dem Zeichen für *Zweig* 支 kombiniert: 枝. Es wird eda ausgesprochen, ebenfalls SHI mit anderen Zeichen. (870)

schreiben

Eine Hand, die einen Pinsel hält  und auf einem Blatt Papier  schreibt, bildet das Zeichen für *schreiben.*

Die Chinesen zeichneten es zuerst , dann , schließlich 書. Es wird kaku ausgesprochen, SHO mit anderen Zeichen. (131)

Außerdem bedeutet es auch *Schriften* oder *geschriebene Sachen*. In dieser Bedeutung sieht man es oft an Buchgeschäften.

書店 shoten *Buchgeschäft* (s.S. 76)

Sache, Angelegenheit

In 書 kaku ist der Pinsel abwärts gezeichnet. Ist er aber aufwärts gerichtet, gleichsam abwartend und bereit, Dinge, die geschehen, sofort zu notieren, bildet er das Zeichen für *Sache* oder *Angelegenheit*: .

Die Chinesen malten es zuerst , dann , später dann 事. Es wird koto ausgesprochen oder JI zusammen mit anderen Zeichen. (80)

Einige Beispiele der Anwendung:

工事	kôji	"bauen-Sache", *Konstruktion*
工事中	kôjichû	"Konstruktion-Mitte", *in Bau*. Diese Zeichen findet man z.B. bei Straßenarbeiten:

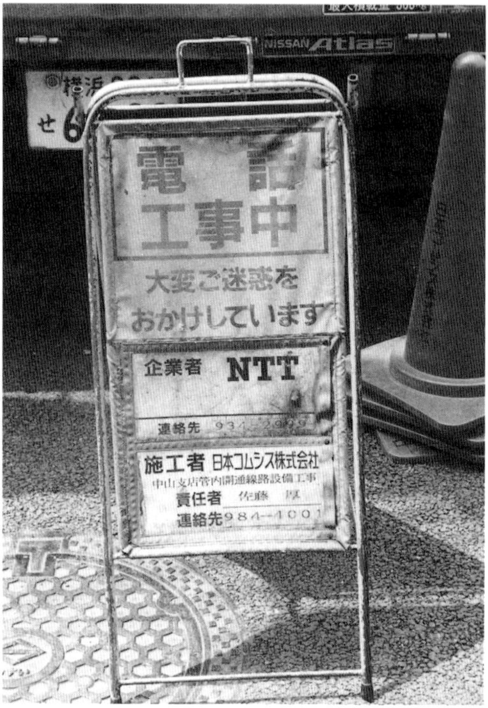

電話
denwa
Telefon
(s.S. 122)

工事中
kôjichû
Bauarbeiten

人事	jinji	"Menschen-Angelegenheit", *menschliche Angelegenheiten, Personalabteilung*
時事	jiji	"Zeit-Dinge", *Aktuelles*. Eine der führenden Nachrichtenagenturen heißt JIJI Press.

gegen, widersetzen

Um das Zeichen für *gegen* oder *widersetzen* darzustellen, verwendeten die Chinesen das Bild der *Hand* ⺕ und das Bild des *Hügels* 厂. Dahinter steht der Gedanke, daß ein Hügel oder ein Wall per Hand aufgeschüttet werden muß angesichts des herannahenden Feindes. Die heutige Form ist 反 und wird HAN ausgesprochen. (342)

反語	hango	"Gegen-Wort" *Ironie*

Hügel, Hang

Um einen richtigen Hügel darzustellen, haben die Chinesen zum handgemachten Hügel das Zeichen für *Erde* 土 hinzugefügt. So entstand das Zeichen 坂. Es wird saka ausgesprochen, HAN zusammen mit anderen Zeichen. (443)

Abschnitt 4: Vom menschlichen Fuß und vom Herz

halten, anhalten, unterbrechen

Ein Fuß wurde zuerst so gemalt , dann . Die heutige Form ist 止. Das Zeichen bedeutet *Halt* oder *Stop.* Es wird tomaru in der transitiven und tomeru in der intransitiven Form ausgesprochen, zusammen mit anderen Zeichen SHI. (477)

Dieses Zeichen erscheint auf allen Verkehrsschildern, die zum *Halt* auffordern, meistens mit anderen Zeichen zusammen, manchmal auch allein.

止まれ
tomare
Halt!

Wenn es mit 中 *Mitte* kombiniert wird: 中止 "Halt in der Mitte", bedeutet es *abbrechen, ausfallen*. Es wird CHÛSHI ausgesprochen. Es erscheint immer in Theatern, wenn ein Stück abgesetzt worden ist.

Bein, Fuß

Während das Bild des Fußes 止 *Halt* meint, bedeutet das Bild des Beines *Fuß*. Allerdings wird in Japan dieses Zeichen für beides gebraucht: *Bein* und *Fuß*. Das erschwert die Unterhaltung mit dem Arzt, der nicht weiß, ob der Zeh oder der Schenkel betroffen ist, wenn man es nicht durch Zeigen verdeutlicht.

Das Zeichen entstand, indem nur die Kniebeuge ㄱ auf den Fuß gestellt wurde: 足. Es wird ashi ausgesprochen, wenn es allein steht, und SOKU zusammen mit anderen Zeichen. Es bedeutet sowohl *Bein* als auch *Fuß*. (58)

足立	Adachi	"Fuß-Stand", ist ein Familienname und müßte eigentlich ashidachi ausgesprochen werden.Es wird aber verkürzt zu adachi.
足立区	Adachi-ku	ist ein Stadtteil in Tokio, in dem auch eine Kfz-Zulassungsstelle ist. Man sieht daher Autos mit diesem Zeichen auf den Zulassungsschildern, entweder 足立 oder nur die Abkürzung 足.

足立 Adachi Stadtteil in Tokio

richtig, gerecht

Das Zeichen des *Fußes* mit einer geraden Linie aufgesetzt 正, also eigentlich "halte deinen Fuß gerade und ausgerichtet", bedeutet *richtig* oder *gerecht*. Es wird tadashii ausgesprochen oder SEI oder SHÔ zusammen mit anderen Zeichen. Dieses Zeichen findet man manchmal auf Preisschildern, wo es andeutet, daß der entsprechende Preis korrekt ist. (275)

Die Japaner bevorzugen Wörter mit exemplarischer Bedeutung für ihre Familiennamen. 正 ist ein Beispiel dafür. Wenn es in Eigennamen verwendet wird, wird es in der Regel tada, masa oder SHÔ ausgesprochen.

Es tritt sowohl in Vor- als auch in Nachnamen auf:

正子	Masako	"kleine Korrektheit" Mädchenname
正信	Tadanobu	"richtig-vertrauensvoll" Jungenname
正力	Shôriki	"korrekte Macht" Familienname, ist auch der Name des Gründers des "Yomiuri Business Empire".
大正	Taishô	"große Korrektheit", der Name einer großen pharmazeutischen Firma, außerdem der Name des Zeitraums zwischen der Meiji- und der Shôwa-Periode.

Herz

Das Herz  malten die Chinesen zuerst so  und letztlich 心. Es wird kokoro ausgesprochen und SHIN in zusammenge-setzter Form. Im Japanischen meint *Herz* das gleiche wie im Deutschen: nicht nur eines der wichtigsten Organe, sondern auch das Zentrum der Seele und des Gefühls. (97)

小心	shôshin	"kleines Herz", es bedeutet *Kleinmut, Furchtsamkeit, Schüchternheit, Vorsicht.*

心付	kokorotsuke	"gegen das Herz halten" eine *kleine Aufmerksamkeit*
心中	shinju	"Herz innen" bedeutet *Doppelselbstmord.*

Laut, Ton

Wenn die *Sonne* 日 *aufgeht* 立, erwacht die Welt, und das Leben beginnt zu tönen. Die Chinesen fügten diese beiden Zeichen zusammen, um ein Bild für *Ton* oder *Laut* zu erhalten. Das neue Zeichen wird 音 geschrieben und oto ausgesprochen, ON oder IN mit anderen Zeichen. (347)

足音	ashioto	"Fuß-Laut", *Schritt, Fußtritt*
母音	boin	"Mutter-Laut" *Vokal*
子音	shiin	"Kinder-Laut" *Konsonant*

sich beeilen, eilen

Zwei Hände , die über einem *Herzen* 心 sind und es beruhigen, bilden das Zeichen für *eilen* oder *sich beeilen*.

Die Hände werden so gemalt:  und 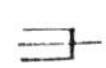 .

Das heute gültige Zeichen ist 急. Es wird isogu ausgesprochen, KYÛ zusammen mit anderen Zeichen. (303)

Sinn, Gedanke, Wille, Bedeutung

Das Zeichen für *Laut* 音 des *Herzens* 心 bedeutet *Sinn, Gedanke* oder *Wille*. Es wird 意 geschrieben und I ausgesprochen. Es kann auch *Bedeutung* heißen. (132)

Abschnitt 5: Von den Sinnesorganen

Auge

Ein Auge wurde zuerst so gemalt:  , dann aufrecht  gestellt, quadratisch gemacht und in die endgültige Form gebracht: 目. Es wird me ausgesprochen und MOKU zusammen mit anderen Zeichen. (55)

Es ist das me in CHÔME (s. S. 26).

五丁目	gochôme	5. Chome, Block 5
目白	mejiro	"Weiße Augen" ein Stadtbezirk in Tokio

Hut

Wenn ein Mensch ein Stück Stoff  ausmißt, um damit dann die *Augen* 目 vor der *Sonne* 日 zu schützen, entsteht folgendes Zeichen 帽. Es wird BÔ ausgesprochen und bedeutet *Hut*. (1105)

Das übliche japanische Wort für *Hut* ist 帽子 bôshi (eigentlich "kleiner Hut").

学帽 gakubô "Lern-Hut" *Schülermütze*

Stoff, Tuch

Das Zeichen für einen Menschen, der Tuch mißt 巾, ist auch ein selbständiges Zeichen, obwohl es selten alleine verwendet wird. Es erscheint fast immer zuammen mit anderen Zeichen, wo es die Verbindung zum *Stoff* oder zum *Tuch* ausdrückt und KIN ausgesprochen wird.

Dasselbe Zeichen wird auch als Kurzform des Zeichens 幅 benutzt. Dieses bedeutet *Breite* oder *Weite* bei Stoffen oder Textilien. Es wird haba ausgesprochen und FUKU zusammen mit anderen Zeichen. (1380)

sehen

Um den Begriff *sehen* auszudrücken, haben die Chinesen ein *Auge* 目 auf einen *Menschen* 人 gesetzt. Das Zeichen für *Mensch* wird dabei verkleinert und schrumpft. Das heute gültige Zeichen ist 見 und wird miru ausgesprochen, KEN zusammen mit anderen Zeichen. (63)

見本 mihon "Original-Sehen" bedeutet *Muster, Beispiel*.

Ohr

Ein *Ohr* malten die Chinesen zuerst , dann , schließlich 耳. Es wird mimi ausgesprochen, JI zusammen mit anderen Zeichen. (56)

nehmen

Eine Hand, die ein Ohr abreißt  - in der Weise, wie man früher mit seinen Feinden umgegangen ist - bildete das Zeichen für *nehmen*. Wenn die beiden Piktogramme für *Hand* 手, das schon bei tomo 友 (s. S. 42) vereinfacht wurde, und für *Ohr* 耳 kombiniert werden, verändern sie ihre Form: 取. Dieses Zeichen bedeutet *nehmen* und wird toru ausgesprochen, SHU zusammen mit anderen Zeichen. (65)

Zahn

Die Zeichen für *Zähne*  - hier in einem geöffneten Mund gemalt - wurden vereinfacht und quadratisch gemacht zu 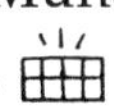.

Daraus entstand das Zeichen . Seine heute gebräuchliche Form ist 歯. Es wird ha ausgesprochen, SHI zusammen mit anderen Zeichen. (478)

Haar

Das Zeichen für *Haar* stammt vom Bart eines Mannes: . Es wurde zuerst  gemalt, schließlich 毛. Es wird ke ausgesprochen und MÔ zusammen mit anderen Zeichen. Es bedeutet *Haar*, sowohl das menschliche als auch das von Tieren. (287)

Nase

Die Frontansicht der *Nase* malten die Chinesen zuerst  , später  und heute 鼻. Das Zeichen wird hana ausgesprochen, BI zusammen mit anderen Zeichen. (813)

selbst

Die Chinesen und auch die Japaner zeigen mit dem Finger auf ihre Nase, wenn sie sich selbst meinen. (Wir zeigen auf unsere Brust oder zum Herzen). Das Zeichen der *Nase* 鼻 ohne die Nasenlöcher wird 自 und bedeutet *selbst*. Es wird JI zusammen mit anderen Zeichen ausgesprochen und als einzelnes Zeichen mizukara. (62)

lernen

Das Zeichen für *selbst* 自 kombiniert mit dem Zeichen für *Flügel* 羽 ergibt das Zeichen 習. Es bedeutet *lernen,* sozusagen "fliege auf eigenen Flügeln".

Zuerst zeichneten die Chinesen das Zeichen so:  .

Die beiden Mittellinien des Zeichens *selbst* kamen aber dabei oft übereinander. So wurde eine Linie aufgegeben: 習.

Es wird narau ausgesprochen, SHÛ zusammen mit anderen Zeichen. (591)

Lehrlinge oder Auszubildende tragen oft eine Armbinde mit den Zeichen 見習 "Sehen lernen". Hiermit wird jemand bezeichnet, der sich gerade in der Ausbildung befindet.

öffentlich, offiziell

Aus der Seitenansicht einer Nase  entstand folgendes Piktogramm: 厶. Es wurde von den Chinesen benutzt, um *selbst* oder *privat* auszudrücken. Dieses Piktogramm wird nur in Verbindung mit anderen Zeichen verwendet.

Ein Beispiel für eine solche Kombination:

Eine Linie 丨, die geteilt wird 八, bedeutet *aufteilen*.

Wenn dieses Zeichen mit *privat* 厶 kombiniert wird, entsteht 公, wörtlich "privat geteilt", d.h. nicht privat, also *öffentlich* oder *offiziell*. Es wird ôyake ausgesprochen, KÔ zusammen mit anderen Zeichen.

(126)

Kiefer

Kombiniert man das Zeichen für *öffentlich* 公 mit dem Zeichen für *Baum* 木, entsteht 松 mit der Bedeutung "öffentlicher Baum" und meint damit einen Baum, der überall ist: die *Kiefer*. Dieses Zeichen wird matsu ausgesprochen und SHÔ mit anderen Zeichen.

(696)

Es ist ein beliebtes Zeichen für Familiennamen:

松田	Matsuda	"Kiefer-Feld"
小松	Komatsu	"kleine Kiefer", auch der Name einer Maschinenfabrik und eines Kaufhauses.
松村	Matsumura	"Kiefer-Dorf"
松本	Matsumoto	"Kiefer-Ursprung"
松下	Matsushita	"Unter der Kiefer", der Name des berühmten Begründers der Matsushita-Company

ich, privat

Eine Nase, die *selbst* oder *privat* meint, kombiniert mit Reishalmen, die zum Dreschen zusammengebunden sind 禾, drückt sozusagen aus "mein privater Reis", d.h. *ich*. Die Reishalme veränderten sich von  über  zu 禾 .

Zusammen mit dem Zeichen für *Nase* entstand 私. Es wird watakushi oder watashi ausgesprochen und bedeutet dann *ich* oder *mir, mich*. In Kombination mit anderen Zeichen bedeutet es *privat* und wird SHI ausgesprochen. (125)

Friede, Harmonie

Ein Reishalm 禾 wird auch als Baustein in vielen anderen Zeichen benutzt. Wenn er mit einem *Mund* 口 kombiniert wird, so ergibt dies das Zeichen für *Friede* oder *Harmonie* 和. Es wird WA ausgesprochen. (124)

Die Zeichen für den Namen der Kyôwa-Bank, eines der berühmten Bankinstitute in Japan, sind 協和 "Zusammenarbeit in Harmonie".

Die Zeichen für Daiwa, eine der anderen bekannten Banken, sind 大和 "Große Harmonie".

大和 wird auch manchmal yamato ausgesprochen. So heißen mehrere japanische Städte. Es war auch einst der Name für Japan selbst.

和 erscheint auch im Namen eines der großen Kaufhäuser auf der Ginza 和光 wako "Strahlen der Harmonie".

Steuer

Der Reishalm 禾, der vom Steuereinnehmer geprüft wird (der Steuereinnehmer ist der große Bruder 兄 mit Hörnern 兑), bedeutet *Steuer* 税. Dieses Zeichen wird ZEI ausgesprochen. (399)

In Kombination mit dem Zeichen 無 (MU = *nicht sein*, s. S 97) entsteht das Zeichen 無税. Es wird muzei ausgesprochen und bedeutet *steuerfrei*. Es erscheint überall da, wo steuerfrei gekauft werden kann.

Theorie, Meinung, Geschichten

Etwas *Gesprochenes* 言, und zwar vom "großen Bruder mit Hörnern" 兑, bedeutet *Theorie, Meinung, Geschichten.* Das vollständige Zeichen ist 説 und wird SETSU ausgesprochen. (400)

小説	shôsetsu	"kleine Geschichte", *Roman, Novelle, Erzählung*
説明	setsumei	"klare Theorie", *Erläuterung*
説明書	setsumeisho	"Erläuterungs-Schreiben" *Gebrauchsanleitung*

gehen

Eine Kreuzung wurde ursprünglich so gezeichnet .
Die heute gültige Form ist 行 und bedeutet *gehen.* Dieses Zeichen wird iku, auch yuku ausgesprochen, KÔ zusammen mit anderen Zeichen. (68)

急行 kyûkô, wörtlich "schnell gehen", bezeichnet einen *Schnellzug*.

Allee

Wenn eine *Kreuzung* 行 etwas ausgeweitet, gedehnt und mit viel *Erde* 土 ergänzt wird, entsteht das Zeichen für *Allee* 街. Es wird machi ausgesprochen, GAI oder KAI zusammen mit anderen Zeichen. Viele der Straßen in Tokio wurden als 街 bezeichnet, bis sie 1964 zu den Olympischen Spielen in dori umbenannt wurden. (186)

warten, erwarten

Wenn die *Kreuzung* 行, die das Zeichen für *gehen* bildet, mit anderen Zeichen kombiniert wird, wird nur eine Seite der Kreuzung dargestellt: 彳.

Mit dem *Tempel* 寺 kombiniert, entsteht das Zeichen 待. Im alten China war der Tempel das Kommunikationszentrum für alle und jeden. So wurde das Zeichen "geh zum Tempel" im Laufe der Zeit "warte auf mich im Tempel", dann nur noch *warte* oder *erwarte*.

Es wird matsu ausgesprochen, TAI mit anderen Zeichen. (452)

herumgehen, zirkulieren

Das Bild eines Strudels  wurde das Zeichen für *herumgehen, zirkulieren*. Die Chinesen machten es quadratisch zu 回. Es wird mawasu ausgesprochen, KAI zusammen mit anderen Zeichen. Es wird sowohl transitiv als auch intransitiv gebraucht. (90)

二回 nikai "zwei Runden" *zweimal* oder *zweite Runde, zweiter Durchlauf* etc.

Abschnitt 6: Vom Transport und der Bewegung

Auto, Wagen

Ein Wagen 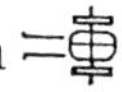 wurde von den Chinesen früher  gemalt, dann  . Die heutige Form wurde 車. Das Zeichen wird kuruma ausgesprochen und bedeutet *Wagen* oder *Auto.* Zusammengesetzt mit anderen Zeichen spricht man es SHA. 車 bringt in jedem zusammengesetzten Zeichen die Verbindung zu einem Vehikel mit Rädern jeglicher Art: Automobil, Fahrrad, Rikscha. (133)

Das Wort "Rikscha" wurde vom japanischen Wort 人力車 jinrikisha "Mensch-Kraft-Fahrzeug", abgeleitet.

車体	shatai	"Auto-Körper" *Chassis*
車税	shazei	"Wagen-Steuer" *Kfz-Steuer*

Lagerhaus

Ein *Wagen* 車, der in einem Unterstand 广 abgestellt ist, bedeutet eigentlich *Garage,* ist aber im allgemeinen ein *Lagerhaus* oder *Speicher.* Dieses Zeichen 庫 wird KO ausgesprochen. Es wird nicht allein verwendet, sondern benötigt immer ein anderes Zeichen, das angibt, um was für einen Unterstand es sich handelt. (825)

車庫	shako	"Auto-Unterstand" ist die korrekte Bezeichnung für *Garage.*

Militär

Ein Auto 車 mit einer eisernen Stange auf dem Dach  bedeutete ursprünglich "bewaffnetes Auto" oder "bewaffnete Truppen". Die heutige Form des Zeiches ist 軍 und wird GUN ausgesprochen. Es bedeutet *Armee* oder *Militär.* (438)

日本軍	nihongun	*Japanische Armee*
軍人	gunjin	"Militär-Mann" *Soldat*

transportieren, tragen

Wenn 軍 als Baustein in anderen Zeichen benutzt wird, trägt es nicht mehr die Bedeutung *Armee*, sondern "(bewaffneter) Wagen". Zusammen mit dem Zeichen für *vorwärtsgehen, bewegen* bildet es das Kanji mit der Bedeutung *transportieren, tragen*.

Das Kanji für *vorwärtsgehen, bewegen* seinerseits ist zusammengesetzt aus dem abgekürzten Zeichen für *gehen* 彳 und für *Fuß* 止.

Es wurde zuerst 辵 geschrieben, dann 辵, schließlich 辶

Das heutige Zeichen für *transportieren* oder *tragen* ist 運. Es wird hakobu ausgeprochen und UN mit anderen Zeichen. (439)

Dieses Zeichen - eigentlich "vorrücken mit einem bewaffneten Wagen" - bedeutet auch *Schicksal, höhere Fügung, Glück.*

Das Zeichen für *vorwärtsgehen, bewegen* 辶 kommt nicht alleine, sondern nur in Kombination mit anderen Zeichen vor.

senden, schicken

Das Zeichen für *Schranke* 关, das sich zusammensetzt aus Straße 二, auf der ein Sperrblock aufgebaut ist 关, und das Zeichen für *vorwärtsgehen, bewegen* 辶, bilden das Zeichen 送. Es bedeutet *senden* oder *schicken* und wird okuru ausgesprochen, SÔ mit anderen Zeichen. (441)

運送 unsô, eigentlich "tragen - senden", bedeutet *Transport.*

Die Zeichen 運送 erscheinen auf allen Lastzügen von Transportfirmen und werden auch in den Namen dieser Firmen benutzt:

石田運送	Ishida unsô	Ishida "Stein-Feld" Transport Unternehmen

schwer

Mit dem Bild eines Mannes, der eine große Last auf dem Rücken trägt und gebeugt ist 重, war für die Chinesen ein Bild für *schwer.* Er wurde zuerst 重 gemalt, dann 重 und schließlich 重. Das

Zeichen wird omoi ausgesprochen und JÛ oder auch CHÔ zusammen mit anderen Zeichen. Es bedeutet *schwer* im Sinne von Gewicht oder Bürde. (227)

重税	jûzei	"schwere Steuer" *hohe Steuer*
重大	jûdai	"schwer-groß" *seriös, ernst*
体重	taijû	"Körper-Schwere" *(Körper)gewicht*

bewegen

Kraft 力 auf *Schwere* 重 angewandt, bildet das Zeichen 動. Es bedeutet *bewegen* und wird ugoku ausgesprochen, DÔ zusammen mit anderen Zeichen. (231)

自動車	jidôsha	"selbst-bewegen-Wagen" Dies ist das Wort für *Automobil.* 車 SHA, kuruma bezeichnet eigentlich jedes Fahrzeug mit Rädern. 自動車 ist speziell ein Automobil. Die Japaner benutzen aber in ihrer Umgangssprache beide Begriffe gleichwertig.
運動	undô	eigentlich "tragen-bewegen", bedeutet *Bewegung* im physischen Sinn, wird aber auch für *politische Bewegung* gebraucht.

arbeiten

Wenn man *Mensch* 人 zu *bewegen* 動 hinzufügt, entsteht das Zeichen 働 mit der Bedeutung *arbeiten* bzw. *Arbeit.* Es wird hataraku ausgesprochen, DÔ zusammen mit anderen Zeichen. (232)

Abschnitt 7: Vom Geld

Muschel

Bis ca. 1800 v. Chr. verwendeten die Chinesen Muscheln als Zahlungsmittel.

Eine Muschel  wurde zuerst  , letztlich 貝 gezeichnet. Dieses Zeichen sieht dem Zeichen für *sehen* 見 (s.S. 57) sehr ähnlich. Der Unterschied liegt im unteren Teil: Im Zeichen für *sehen* ist der untere Teil das Zeichen für *Mensch* (verkürzt), während er bei der *Muschel* die Fühler sind.

貝 wird kai ausgesprochen. Es bezieht sich auf alle Arten von Muscheln. (240)

kaufen

Eine *Muschel* 貝 und ein *Netz*  , verkürzt 罒, bilden das Zeichen 買 mit der Bedeutung "Dinge einsammeln" *kaufen*. Es wird kau ausgesprochen und BAI zusammen mit anderen Zeichen. (241)

verkaufen

Das Zeichen für *kaufen* 買 unter dem Zeichen für *herauskommen*, 出 (s.S. 37), verkürzt zu 士 , bildet das Zeichen für *verkaufen*: 賣.

Dieses Zeichen wurde weiter vereinfacht bis zur heutigen Form 売. Es wird uru ausgesprochen und ebenfalls BAI mit anderen Zeichen. (239)

売買 baibai "kaufen-verkaufen", *Geschäft, Handel*

lesen

Verkaufen 売 kombiniert mit *sprechen* 言 bedeutet *lesen* 読. Es wird yomu ausgesprochen und DOKU in Kombination mit anderen Zeichen. (244)

Eine der führenden Zeitungen in Tokio heißt

読売　yomiuri　eigentlich: "lesen verkaufen"

Mitglied, Angestellter

Eine *Muschel* 貝, hier im Sinne von Geld, kombiniert mit dem Zeichen für *Mund* 口, hier im Sinne eines Menschen, der den Mund geöffnet hat und spricht, bildet das neue Zeichen 員 mit der Bedeutung "Mensch, der von Geld spricht". Es bedeutet *Angestellter* oder *Mitglied einer Organisation.* Es wird IN ausgesprochen. (163)

Alleine kommt dieses Zeichen nicht vor. Ihm werden weitere Zeichen vorangestellt, die angeben, um welche Art von Angestellten es sich handelt.

工員　kôin　"Bau-Angestellter" *Bauarbeiter*

Yen

Ein Angestellter 員 mit einer Münze ○ kombiniert, bedeutet *Yen.* Die Münze wurde als Rechteck um den Angestellten gezeichnet: 圓.

Dieses ist allerdings die alte, herkömmliche Schreibung von *Yen.* Sie finden sie auf Scheckformularen, Dokumenten oder Quittungen der Banken - immer da, wo Tradition, Akkuratesse oder auch Schönheit eine Rolle spielen.

Für die moderne Geschäftswelt wurde aber ein neues, weniger aufwendiges Zeichen entwickelt. Seine Form stammt offensichtlich von einem Bank-Tresen: 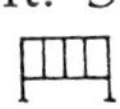.

Die heute gebräuchliche Form ist 円. Die japanische Aussprache dieses Zeichens ist EN. (13)

Abschnitt 8: Von Toren und Türen

Tor

Ein *Tor* wird folgendermaßen dargestellt: 門. Dieses Kanji wird kado ausgesprochen, wenn es allein steht, und MON zusammen mit anderen Zeichen. Es kann alle Arten von Toren und Pforten bezeichnen. Das vorangehende Zeichen gibt an, um welches Tor es sich handelt: (161)

水門 suimon "Wasser-Tor" *Schleuse*

入門 nyûmon *Eingangs-Tor.*

hören, fragen

Ein *Ohr* 耳 an einem *Tor* 門 bildet das Zeichen 聞. Es bedeutet *hören* oder *fragen* und wird kiku ausgesprochen und BUN zusammen mit anderen Zeichen. (64)

fragen, anfragen

Ein Mund 口 an einem Tor 門 bildet ein weiteres Zeichen 問 mit der Bedeutung *fragen*. Es wird tou ausgespochen und *MON* zusammen mit anderen Zeichen.

Kiku ist das allgemein gebräuchliche Wort für *fragen*, tou bedeutet mehr fragen im Sinne von *anfragen*. (162)

zwischen (zeitlich und räumlich)

Die *Sonne* 日, die durch ein *Tor* 間 hindurchscheint, bedeutet *zwischen, Zwischenraum* oder *Zeitraum*. Dieses Kanji wird aida ausgesprochen, KAN oder KEN zusammen mit anderen Zeichen. Es hat außerdem die Bedeutung *Zimmer* (Raum zwischen Mauern) und wird dann ma ausgesprochen. (43)

時間 jikan "Zeit-zwischen", das ist das allgemeine Wort für *Zeit* und *Stunde.*

一時間	ichijikan	*1 Stunde*
二時間	nijikan	*2 Stunden*
中間	chûkan	"Mitte zwischen" *Mitte, Mittelweg, Zwischen-*
日本間	nihonma	*japanisches Zimmer*

Schranke

Das Piktogramm für *Schranke* 关 (s.auch S. 64) kommt nicht als eigenständiges Kanji vor. Um *Schranke* darzustellen, wird über diese Piktogramm noch ein Tor gestellt 関. Die japanische Lesung des Zeichens für *Schranke* ist seki, die On-Lesung KAN. (398)

Vor einigen hundert Jahren - während Japans Feudalzeit - wurden Schranken benutzt, um West-Japan von Ost-Japan abzugrenzen. Niemand durfte diese Grenze ohne das dazu vereinbarte Paßwort überschreiten.

関東	kantô	"östlich der Schranke" war *Ost-Japan*
関西	kansai	"westlich der Schranke" war *West-Japan*. (Das Zeichen für *Westen* wird auf S. 73 erklärt.)

Mit dem Begriff kantô werden heute Tokio und die umliegenden Präfekturen bezeichnet, mit kansai das Gebiet Kyoto, Osaka, Kobe.

Seki kommt auch in Familiennamen vor:

大関	ôseki	"große Schranke", dies ist auch der zweithöchste Rang bei den Sumo-Kämpfern.
税関	seikan	"Zoll (Steuer)-Schranke", Zollhaus an der Grenze.

öffnen

Zwei Hände bewegen einen Riegel , der ein Tor 門 verschließt. Dies symbolisiert *öffnen*. Die beiden Hände und der Riegel wurden vereinfacht zu 开 , das vollständige Zeichen ist 開. Es wird akeru oder hiraku ausgesprochen, KAI zusammen mit anderen Zeichen (396)

schließen

Ein Tor, das mit Balken und Streben  verstärkt ist, bildet das Zeichen 閉 mit der Bedeutung *schließen*. Es wird shimeru oder tojiru ausgesprochen und HEI in Kombinationen. (397)

Die beiden Zeichen 開 und 閉 findet man z. B. auf den entsprechenden Knöpfen in Aufzügen.

Tür

Um ein Zeichen für eine einfache Tür zu erhalten, haben die Chinesen das Zeichen für *Tor* halbiert .

Dieses Zeichen für sich genommen hatte keine Balance mehr. Deswegen wurde die senkrechte Linie leicht gerundet und die obere vertikale Linie getrennt aufgesetzt. Das endgültige Zeichen ist 戸, bedeutet *Tür* und wird to ausgesprochen, KO zusammen mit anderen Zeichen. (152)

Es kommt manchmal in Familiennamen vor:

戸田	Toda	"Tür zum Reisfeld"
戸山	Toyama	"Tür zum Berg"

Abschnitt 9: Aus der Tierwelt

Pferd

In den bekannten chinesischen Aquarellen wurden bei den Pferden im wesentlichen die Mähne und die Läufe hervorgehoben. Das führte zu dem Piktogramm:  .

Dieses wurde im Laufe der Zeit weiter vereinfacht bis schließlich zu 馬. Dieses Zeichen bedeutet *Pferd* und wird uma ausgesprochen, BA zusammen mit anderen Zeichen. (283)

馬車	basha	*Pferdewagen, Kutsche*
木馬	mokuba	*Holzpferd*
一馬力	ichibariki	*eine Pferdestärke*
馬肉	baniku	*Pferdefleisch*

Bahnhof, Station

Das Kanji für Station verweist heute überwiegend auf Bahnhöfe, bezeichnete im alten China aber Pferde- oder Postkutschen-Stationen. Das Piktogramm stellt einen Mann mit einem Stirnband dar, der sich auf eine Schaufel stützt  und neben einem Pferd 馬 steht.

Der Mann mit Stirnband und Schaufel wurde ursprünglich  gemalt, später zu  vereinfacht. Das vollständige Zeichen ist 駅 und wird EKI ausgesprochen. (284)

Es erscheint in jedem Bahnhofs- oder Stationsnamen, z.B. 東京駅 Tôkyô eki, 品川駅 Shinagawa eki oder 渋谷駅 Shibuya eki.

Post (Postdienst), Nachricht, Brief, Bequemlichkeit

Ein *Mann* 人, der neben seinem Pferd (hier in der Rückansicht  dargestellt) steht und gleich losreiten wird, um die Post zu befördern, bedeutet *Post* (im Sinne des Postdienstes) .

Die Chinesen zeichneten das Pferd zuerst  , dann 更. Das vollständige Zeichen ist 便, wird BIN ausgesprochen und ist auf allen Briefkästen in Japan angebracht. In der Aussprache tayori bedeutet es *Nachricht* oder *Brief*, in der Aussprache BEN *Bequemlichkeit*. (330)

Mit diesem Zeichen werden auch Abflüge oder Schiffsabfahrten ausgedrückt., z.B.

JAL 二便 Flug Nr. 2 der Japan Airline.

Dieses Zeichen erscheint auch in 便所 benjo (das Zeichen 所 wird auf S. 91 erklärt), einem Wort für Toilette, das häufig auf den Türen von öffentlichen Toiletten steht. Für Toilette gibt es allerdings noch ein höflicheres Wort: o-tearai.

Vogel

Das chinesische Bild für *Vogel* war  und wurde zu  vereinfacht.

Das heutige Zeichen ist 鳥 und wird tori ausgesprochen, CHÔ zusammen mit anderen Zeichen.

Die vier Striche in diesem Zeichen sind genau so gezeichnet wie die vier Läufe beim Pferd. Sie repräsentieren hier aber die Schwanzfedern. (285)

Insel

Ein *Vogel* 鳥, der über einem *Berg* 山 fliegt, bildet das Zeichen mit der Bedeutung *Insel* .

Es wurde zuerst 鳥 gezeichnet, später aber vereinfacht, indem die Schwanzfedern entfernt und der Berg an deren Stelle gerückt wurde: 島. Es wird shima ausgesprochen, TÔ zusammen mit anderen Zeichen. (286)

Wie alle Zeichen aus der Natur ist shima ein beliebtes Wort in Familiennamen:

島	Shima	Insel
下島	Shimojima	"Untere Insel"
中島	Nakajima	"Mittel-Insel"
川島	Kawashima	"Fluß-Insel"
島田	Shimada	"Insel-Reisfeld
松島	Matsushima	"Kiefern-Insel"

Westen

Ein Vogel, der in der Dämmerung - also dann, wenn die Sonne untergeht- zum Nest zurückkehrt  , bedeutete für die Chinesen *Westen*. Das Zeichen wurde zuerst  gemalt, später 西. Es wird nishi ausgesprochen und SEI oder SAI zusammen mit anderen Zeichen. (72)

西日本	Nishi-Nihon	*Westjapan*

Als Beispielwort für *Schranke* haben Sie schon kennengelernt

関西	kansai	"westlich der Schranke" *Osaka-Kobe-Bezirk.*

Viele Bahnstationen haben einen

西口	nishiguchi	*Westeingang*

渋谷駅西口 Shibuya eki nishiguchi

Shibuya Station Westeingang

西 erscheint auch häufig in Familiennamen:

西山	Nishiyama	"West-Berg"
西林	Nishibayashi	"West-Wald"
中西	Nakanishi	"Mitte-Westen"

Wochentag

Die Chinesen hatten noch ein weiteres Bild für einen *Vogel* mit einem kurzen Schwanz  . Er wurde zuerst  gemalt.

Dieses Piktogramm vereinfachten die Chinesen über  bis zu dem Zeichen 隹.

Dieser *Vogel* erscheint nie allein, immer in Kombination mit anderen Zeichen, z.B. mit dem Zeichen für *Sonne* oder *Tag* 日 und dem Zeichen für *Flügel* 羽. Dieses neue Zeichen 曜 "Die Sonne fliegt mit Flügeln des Vogels vorbei" bedeutet *Wochentag*. Es wird YÔ ausgesprochen. (19)

Die Namen der japanischen Wochentage setzen sich zusammen aus Begriffen der Natur: Mond, Feuer, Wasser, Holz, Metall, Erde und Sonne, auf die 曜 und zur stärkeren Betonung noch *Tag* 日 folgt:

月曜日	getsuyôbi	*Montag*	
火曜日	kayôbi	*Dienstag*	(s.S. 95)
水曜日	suiyôbi	*Mittwoch*	
木曜日	mokuyôbi	*Donnerstag*	
金曜日	kinyobi	*Freitag*	(s. S. 123)
土曜日	doyôbi	*Samstag*	
日曜日	nichiyôbi	*Sonntag*	

ankommen, führen zu

Es gibt mehrere Kanji für den Begriff *ankommen*. Einem von ihnen liegt das Bild eines Vogels zugrunde, der vom Himmel auf den Boden fliegt  . Die Chinesen schrieben es zunächst  , dann  und schließlich 至.

Es wird itaru ausgesprochen und bedeutet *ankommen.* (902)

In Cina wird dieses Zeichen noch heute für den Begriff *ankommen* verwendet, in Japan wird es dagegen überwiegend auf Straßenschildern verwendet mit der Bedeutung "Straße um anzukommen in ..."

至東京	itaru Tôkyô	*Richtung Tokio*

Zimmer, Raum

Ankommen 至 unter einem Dach bildet ein neues Zeichen: 室. Es hat die Bedeutung *Zimmer* oder *Raum* und wird SHITSU ausgesprochen. (166)

Diesem Zeichen werden im allgemeinen ein oder zwei Zeichen vorangestellt, die angeben, um was für einen Raum es sich handelt, z.B.:

和室	washitsu	"Japan-Zimmer" Zimmer im japanischen Stil.

Händler, Geschäft, Laden, Haus

Bei körperlicher Arbeit binden sich auch heute noch in Japan die Männer häufig ein Tuch um die Stirn  . So entstand das Sinnelement 尸 . Sie kennen es bereits aus dem Zeichen für EKI *Bahnhof* (s.S. 71). Dort stützt sich der Mann allerdings auf eine Schaufel 駅.

Wird 尸 mit dem Zeichen für *ankommen* 至 kombiniert, entsteht das Zeichen 屋. Es hieß ursprünglich "beim Händler ankommen", heute aber nur noch *Händler* oder *Geschäft*, auch *Laden* und *Haus*.

Es wird ya ausgesprochen, OKU zusammen mit anderen Zeichen. (167)

Wenn der Händler selbst gemeint ist, wird in der Regel "san" angefügt:

肉屋	nikuya	*Metzgerei*
肉屋さん	nikuya san	*Metzger.*

Viele Kaufhäuser benutzen dieses Zeichen auch in ihren Namen:

白木屋	Shirokiya	Weißer Baum-Geschäft
松坂屋	Matsusakaya	Kiefern-Hügel-Geschäft.

Geschäft, Laden

Ein anderes Zeichen für *Geschäft* oder *Laden* ist 店. Es wurde folgendermaßen gebildet:

Ein Angestellter mit "langer Nase" steht hinter einer Theke 占 in einem Anbau 广.

Es wird mise ausgesprochen, TEN zusammen mit anderen Zeichen. (168)

書店	shoten	"Schreiben-Laden" *Buchgeschäft*
本店	honten	"Ursprungs-Laden" *Hauptniederlassung*

Viele Kaufhäuser und Kaufhaus-Ketten haben 本店 honten *Hauptniederlassungen* und 支店 shiten *Zweigniederlassungen.*

本店 honten *Hauptniederlassung*

売店	baiten	"Verkauf-Laden" *Kiosk* oder *Verkaufsstand*

nicht, un-, miß-

Mit dem Bild eines Vogels, der geradeaus zum Himmel fliegt  aber daran gehindert wird, ihn zu erreichen, wird etwas Negatives ausgedrückt. Entsprechungen im Deutschen sind die Vorsilben *un, miß* oder *nicht*. Das heutige Zeichen ist 不 und wird FU oder BU ausgesprochen. (94)

不便	fuben	*unangenehm, unbequem*
不明	fumei	"un-klar" *ungewiß, unbekannt*

Kuh, Rind

Das Zeichen für *Kuh* ist die Ansicht eines Kuhkopfes:  .

Dieser wurde zunächst vereinfacht zu  , später zu  .

Das heutige Zeichen, bei dem ein Horn entfernt wurde, ist 牛 und bedeutet *Kuh* oder *Rind,* auch *Bulle* und *Ochse*. Es wird ushi ausgesprochen und GYÛ zusammen mit anderen Zeichen. (281)

子牛	koushi	*Kalb*
牛肉	gyûniku	*Rindfleisch*

Dinge

Eine *Kuh*  , kombiniert mit einem *Elephanten*  , bedeutet *Dinge* oder *Sachen.*

Die *Kuh* wurde zu 牛, der Elephant zu 勿. Das zusammengesetzte Zeichen schreibt sich 物 und wird mono ausgesprochen, BUTSU oder MOTSU zusammen mit anderen Zeichen. (79)

物語	monogatari	"Dinge sagen", *Geschichte, Erzählung.* Genji monogatari *Die Geschichte vom Prinzen Genji* ist der Titel eines berühmten

höfischen Romans aus dem 11. Jahrhundert.

名物 meibutsu "Namen-Ding", *berühmtes Produkt, lokale Spezialität* oder *Souvenir.* Viele japanische Städte haben ihr spezielles meibutsu, das sie als Souvenier verkaufen.

売物 urimono "Verkauf-Sachen" *Verkaufsobjekt*

買物 kaimono "Kauf-Sachen", *Einkauf*

speziell

Eine Kuh 牛 in einem Tempel 寺 bedeutet etwas *Spezielles*, etwas *Außergewöhnliches*. Das Zeichen ist 特 und wird TOKU ausgesprochen. Es tritt überall dort auf, wo etwas "Spezielles" gemeint ist: spezieller Dienst, spezieller Expreß, spezielles Programm. (282)

特急 tokkyû (Abkürzung von tokukyu), ist ein *Spezial-Expreß*, noch schneller als ein 急行 kyûkô *Schnellzug*

Muttermilch, Brust

Eine *Hand* 爫 , die ein *Kind* 子 an der *Brust* 乚 hält, bedeutet *Muttermilch* oder *Brust*. Es wird 乳 geschrieben und chichi oder chi ausgesprochen, NYÛ zusammen mit anderen Zeichen. (939)

牛乳 gyûnyû *Kuhmilch*, steht auf jeder Milchflasche oder -tüte.

Schaf, Widder

Aus einem Schafkopf  entstand das Zeichen für *Schaf*. Es wurde zu 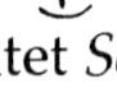 vereinfacht, die heutige Form ist 羊. Dieses Zeichen bedeutet *Schaf* oder *Widder*. Es wird hitsuji ausgesprochen, YÔ in Verbindung mit anderen Zeichen. (288)

羊毛 yômô "Schaf-Haare" *Wolle*

Ozean, ausländisch, westlich

Wenn das Zeichen für *Schaf* 羊 mit *Wasser* 水 kombiniert wird, ergibt sich "Schafe hinter dem Wasser", wodurch die Chinesen *Ozean* ausdrückten. In der Kombination ist das Zeichen für *Wasser* stark vereinfacht. Das vollständige Zeichen ist 洋 und wird YÔ ausgesprochen. (289)

Beispiele:

西洋	seiyô	"West-Ozean". Mit diesem Zeichen werden die westlichen Länder, also das *Abendland* bezeichnet.
西洋人	seiyôjin	"West-Ozean-Mensch" *Westler* oder *Abendländer*
東洋人	toyôjin	"Ost-Ozean-Mensch" *Morgenländer*
大西洋	taiseiyô	"Großer West Ozean" *Atlantik*
洋品店	yôhinten	"Ozean Sachen Lager" Hier ist 洋 die Abkürzung von 西洋. Es ist also ein Geschäft, in dem westliche Sachen, insbesondere Textilien, verkauft werden.
洋間	yôma	"westliches Zimmer". Auch hier ist 洋 wieder eine Abkürzung von Okzident.
Es		bedeutet also ein Zimmer im westlichen Stil im Unterschied zu 日本間 nihonma oder 和室 washitsu, einem Zimmer im japanischen Stil (s. S. 75).
		Die meisten größeren Hotels in Japan haben beides, westliche und japanische Zimmer. Nur die Ryokans haben ausschließlich japanische Zimmer.

洋菓子	yôgashi	"West-Süßigkeiten". 菓子 ist der neutrale Name für Süßigkeiten (Kuchen, Gebäck etc). 和菓子 wagashi sind demnach japanische Süßigkeiten, die meist aus süßer Bohnenpaste hergestellt werden.

Meer

Die Chinesen kombinierten das Zeichen für *Wasser* 水 mit dem Zeichen für *jeder* 毎 und schufen das Zeichen 海 mit der Bedeutung *Meer.* Es wird umi ausgesprochen, KAI mit anderen Zeichen. (117)

日本海	nihonkai	Japanisches Meer
海上	kaijô	"auf der See" *Marine*
上海	Shanhai	ist die Schreibung für die chinesische Stadt Shanghai.

schön

Ein *großes* 大 *Schaf* 羊 in einem Zeichen zusammengeschrieben 美 bedeutet *schön*. Das Zeichen wird utsukushii ausgesprochen, BI in Kombination mit anderen Zeichen. (401)

美人	bijin	"schöner Mensch" *schöne Frau*

Schwein

Das *Schwein*  wurde zuerst  gemalt, dann  , schließlich 豕 .

Zum vollständigen Schriftzeichen für *Schwein* wird noch ein Stück *Fleisch* 月 hinzugefügt: 豚. Das Zeichen wird buta ausgesprochen, TON zusammen mit anderen Zeichen. (796)

豚カツ	tonkatsu	*Schweinekotelett* "katsu" ist die japanische Wiedergabe des englischen Wortes "cutlet" und wird deshalb mit Katakana geschrieben.

Haus

Ein *Schwein* 豕 unter einem Dach 家 ergibt das Kanji für *Haus*.

Damit wurde zunächst nur der Schweinestall allein bezeichnet, heute wird es aber für jede Art Haus gebraucht. Es wird ie oder ya ausgesprochen, KA oder KE zusammen mit anderen Zeichen. (165)

Friede, preiswert, billig

Eine *Frau* 女 unter einem Dach ergibt das Zeichen 安 mit der Bedeutung *Friede*, aber auch *preiswert* und *billig*. Es wird yasui ausgesprochen, AN mit anderen Zeichen. (105)

安物	yasumono	"billige Sache" *billiges Zeug, Ramsch*
安売	yasuuri	"billiger Verkauf" *Ausverkauf*

Fisch

Ein Fisch  wurde zuerst  gemalt, dann  und schließlich 魚. Das Zeichen wird sakana ausgesprochen und GYO mit anderen Zeichen. (290)

Faden, Garn

Das Zeichen für *Faden* wurde vom Kokon der Seidenraupe abgeleitet:  .

Die Chinesen zeichneten es zuerst  , schließlich 糸. Es wird ito ausgesprochen und SHI zusammen mit anderen Zeichen. (242)

Ursprünglich bezeichnete dieses Kanji ausschließlich *Seide*. Heute wird es aber für alle Arten von Garn verwendet.

Die Art des Garns wird durch ein zusätzliches Zeichen angegeben:

毛糸	keito	"Haar-Faden" *Wollgarn*.

Quelle

Wasser aus einer natürlichen Quelle ist klar und rein. Um das Zeichen für *Quelle* zu bilden, haben die Chinesen *Wasser* 水 und *weiß* 白 kombiniert: 泉. Es wird izumi ausgesprochen, SEN zusammen mit anderen Zeichen. (1192)

Wie alle Zeichen aus der Natur ist 泉 ein beliebtes Zeichen in Familiennamen:

小泉	Kôizumi	kleine Quelle
大泉	Ôizumi	große Quelle

warm

Das Zeichen für *warm* wird dargestellt durch die *Sonne* 日, die *Wasser* 水, vereinfacht zu 氵, auf einem Teller  erwärmt.

Das Zeichen für *Teller* wurde zuerst  gemalt, schließlich 皿. Seine Aussprache ist sara. (1097)

Das vollständige Zeichen für *warm* ist 温 und wird atatakai ausgesprochen, ON zusammen mit anderen Zeichen. (634)

Eine *heiße Quelle* ist daher 温泉. Dieses Wort wird onsen ausgesprochen. Diese Zeichen findet man bei allen heißen Quellen bzw. heißen Bädern in Japan.

体温計	taionkei	"Körper-Wärme-Messung" *Fieberthermometer*
温室	onshitsu	"warmer Raum" *Gewächshaus*

Linie

Das Zeichen für *Faden* oder *Garn* 糸 kombiniert mit dem Zeichen für *Quelle* 泉 ergibt das Zeichen 線. Es deutet die Linien an, die fallendes Wasser bildet. Es bedeutet *Linie* im allgemeinen und kommt z.B. in den Kanji für Eisenbahnlinien, Linien auf dem Papier,

Strahlen (z.B. Licht) vor. Dieses Zeichen wird SEN ausgesprochen. (299)

山手線	Yamatesen	"Berg-Hand-Linie", U-Bahn Linie, die kreisförmig durch Tokio geht: Sie wird in Romaji immer als "Yamanote Line" angegeben.
中央線	Chûôsen	Chuo-Linie, die Zentrallinie der U-Bahn in Tokio
光線	kôsen	*Lichtstrahl*

Winter

Eiszapfen, die vom Dach herunterhängen , symbolisierten für die Chinesen den *Winter*. Das Zeichen wurde zuerst  gemalt, jetzt 冬. Es wird fuyu ausgsprochen, TÔ zusammen mit anderen Zeichen. (459)

Ende

Der *Winter* 冬 eines *Fadens* 糸 bedeutet *Ende*. Die standardisierte Form des Zeichens ist 終. Es wird owaru ausgesprochen, SHÛ zusammen mit anderen Zeichen. Dieses Zeichen erscheint am Ende von japanischen Filmen und häufig auch am Schluß von Büchern. (458)

Hund

Ein *Hund*  wurde von den Chinesen zuerst  gemalt, dann  und schließlich - in sehr abstrahierter Form - 犬. Dieses Zeichen wird inu ausgesprochen, KEN zuammen mit anderen Zeichen. (280)

小犬	koinu	"kleiner Hund" *Welpe*
犬小屋	inugoya	"Hund-klein-Haus" *Hundehütte*

Gefäß, Gerät

Vier Münder □□ □□ um einen *Hund* 犬 ergeben das Zeichen 器 (bei dem das "Hundeohr" fehlt) mit der Bedeutung *Gefäß, Gerät*. Es wird utsuwa gelesen, KI zusammen mit anderen Zeichen. Dieses Zeichen entstand, als Hundefleisch noch eine Delikatesse war. Es bezog sich auf Gefäße für Speisen. Heute werden mit diesem Kanji Gefäße allgemein bezeichnet. Es wird u.a. in der Schreibung von Keramik und auch von manchen Waffen verwendet. (527)

土器 doki "Erdgefäß" *Steingut*

Nummer, Wache

Der Fußabdruck eines wilden Tieres  ist heute das Zeichen für *Nummer*. Das rührt wohl daher, daß man in alten Zeiten hierüber das Zählen gelernt hat. Außerdem wurden Tiere als Wächter in der Nacht genutzt. Daher hat dieses Zeichen noch eine zweite Bedeutung: *Wache*. In beiden Fällen wird es BAN ausgesprochen.

Die heute gebräuchliche Form des Zeichens ist 番. (185)

一番 ichiban *Nummer Eins*, sowohl *der Erste* als auch *der Beste* oder *am meisten*

番人 bannin "Wach-Mann" *Wächter*

門番 monban "Tor-Wache" *Pförtner*

番 ist auch das Zeichen in 小番 koban, dem "kleinen Polizeihäuschen" an den Straßenecken in Japan.

Präfix für Ordnungszahlen

Außer mit BAN gibt gibt es noch eine andere Möglichkeit, Ordnungszahlen auszudrücken, und zwar mit dem Präfix DAI.
Das entsprechende Kanji stellt einen primitiven Abakus - ein altes chinesisches Rechenbrett - dar, bei dem Bambusstäbe mit Bändern zusammengehalten werden:  .

Die Chinesen zeichneten dies zuerst  , dann  und schließlich 弟.

Um einen Hinweis auf das Material zu geben, wurde das Zeichen für *Bambus* noch auf das Zeichen gesetzt.

Das Zeichen für *Bambus* stellt Bambusblätter dar  , die vereinfacht und quadratisch gemacht wurden 竹. Ausgesprochen wird das Zeichen für *Bambus* take, CHIKU zusammen mit anderen Zeichen. (129)

Die standardisierte Form des Kanji für Ordnungszahlen ist 第. Es wird DAI ausgesprochen. (404)

第一	daiichi	*Erster*. Dies ist auch ein populärer Firmenname, in dem immer "der Erste", "der Herausragendste" ausgedrücktwerden soll, z.B.: 第一ホテル Daiichi hoteru Daiichi Hotel.
第二	daini	Zweiter

hundert

Einhundert ist *ein* 一 Sack *Reis* 白, der hundert Pfund wiegt. Der Sack Reis wird dargestellt durch ein *Reiskorn* , von dem die Chinesen, wie Sie ja bereits wissen, das Zeichen für *weiß* 白 ableiteten (s.S. 38). So entstand das Kanji für *einhundert* 百, das HYAKU ausgesprochen wird. (14)

Unterkunft

Einhundert 百 M*enschen* 人 unter einem Dach bilden das Zeichen für *Unterkunft*: 宿. Es wird yado ausgesprochen, SHUKU zusammen mit anderen Zeichen. (179)

宿屋	yadoya	"Unterkunft-Geschäft" *Pension*
下宿	geshuku	"Unter-Pension" *(möbliertes) Zimmer, Untermiete*

宿 erscheint auch in Ortsnamen, z.B.:

三宿　mishuku　　Wohngebiet in Tokio.

tausend

Das Zeichen für *tausend* entstand aus der Kombination von *zehn* 十 und *Mensch* 人. Übereinandergestellt sah es zuerst so aus: 仐. Später wurde es quadratisch gemacht: 千. Seine Aussprache ist chi und SEN zusammen mit anderen Zeichen. (15)

千 wird auch manchmal in Eigennamen gebraucht.

Als Abkürzung für die Chiba-Präfektur erscheint es auf den Schildern der dort zugelassenen Autos.

zehntausend

Das Zeichen für *zehntausend* übernahmen die Chinesen von dem religiösen indischen Symbol: 卍, was "zehntausend Götter" bedeutet. Auch das Hakenkreuz der Nationalsozialisten hat in diesem indischen Symbol seinen Ursprung.

Die Chinesen schrieben das Zeichen zuerst , schließlich 万. Es wird MAN ausgesprochen. (16)

一万　ichiman　　"ein-zehntausend" *zehntausend*

十万　jûman　　"zehn-zehn-tausend" *hunderttausend*

Man muß wissen, daß die Japaner bis heute in Einheiten von "10.000" denken, nicht in Tausender wie wir im Abendland. Hohe Zahlen, z.B. hohe Preise werden in man ausgedrückt: 200 man en für zwei Millionen Yen oder 60 man en für 600.000 Yen.

Abschnitt 10: Von Waffen

ziehen

Das Bild von Pfeil und Bogen  bedeutet *ziehen*. Die standardisierte Form des Zeichens ist 引. Es wird hiku ausgesprochen und IN zusammen mit anderen Zeichen. (216)

Dieses Zeichen steht häufig an einer Seite von Schwingtüren. In öffentlichen Gebäuden und Kaufhäusern wird aber dieses Zeichen immer weniger benutzt. "Pull" und "Push" sind schon fast selbstverständlich geworden.

引力 inryoku "Ziehen-Kraft" *Schwerkraft*

Pfeil

Ein Pfeil allein , den die Chinesen zuerst mit Spitze und Feder malten , wurde vereinfacht und quadratisch gemacht zu 矢. Das Zeichen bedeutet *Pfeil* und wird ya ausgesprochen, SHI zusammen mit anderen Zeichen. (213)

wissen

Ein *Pfeil* 矢und ein *Mund* 口 ergeben das Zeichen 知, eigentlich "geradeaus sprechen" oder "direkt sprechen". So stellten die Chinesen den Begriff *wissen* dar. Das Zeichen wird shiru ausgesprochen, CHI mit anderen Zeichen. (214)

知名 chimei "gewußter Name" *bekannt, prominent*

知人 chijin "gewußte Person" *Bekannter*

Medizin, Heilkunde,

Ein *Pfeil* 矢 in einem Kasten 匚 oder sogar in einer menschlichen Brust bildet das Zeichen 医 mit der Bedeutung *Medizin* oder *Heilkunde*. Es wird I ausgesprochen.

Einen Pfeil aus der menschlichen Brust zu ziehen, war eine der ersten ärztlichen Aktivitäten.

In Japan haben Ärzte, auch wenn sie zu größeren Krankenhäusern oder Universitäten gehören, eine kleine Privatklinik mit einigen Betten. Diese kleinen Kliniken sind über die ganze Stadt verteilt. Man findet häufig dieses erleuchtete Zeichen 医, das die kleine Klinik des Arztes anzeigt.

医 ist die Vereinfachung eines älteren Zeichens, das manchmal noch zu sehen ist: 醫

Der obere linke Teil ist das heutige Zeichen. Der obere rechte Teil stellt eine Hand dar, die ein Skalpel hält: , vereinfacht zu 殳.

Das untere Zeichen ist das Gefäß, das den Alkohol enthält (zur Desinfektion oder Anästhesie): , quadratisch gemacht zu 酉.

(220)

Alkohol, Spirituosen

Für das Kanji für *Alkohol* oder *Spirituosen* wird das Gefäß mit Alkohol 酉 kombiniert mit dem verkürzten Zeichen für Wasser, das anzeigt, daß das Gefäß gefüllt ist 酒. Es wird sake ausgesprochen, SHU mit anderen Zeichen. Es bezeichnet alkoholische Getränke im allgemeinen, sowie *Sake*, den japanischen Reiswein, im speziellen. (517)

日本酒	nihonshu	*japanischer Reiswein, Sake*
洋酒	yôshu	"westliche Alkoholika"

Manchmal gleicht sich das e in sake der nachfolgenden Silbe an und wird zu a:

酒場	sakaba	"Weinplatz" *Bar*
酒屋	sakaya	*Spirituosenhandlung*

Das englische Wort bar ist auch im Japanischen gebräuchlich. Es wird bâ ausgesprochen und wird mit Katakana geschrieben バー. Bâ hat das japanische Wort 酒場 sakaba weitgehend verdrängt.

酒場 dient heute nur noch als Bezeichnung für traditionelle Bars, die im wesentlichen Sake servieren.

酒家 shuka "Sake-Haus" ist die chinesische Bezeichnung für ein Restaurant, in dem auch Alkohol ausgeschenkt wird. Diese Zeichen stehen an vielen chinesischen Restaurants in Tokio.

(広東)酒家 (Kanton) shuka (Name) Chinesisches Restaurant

Messer, Schwert

Für das Piktogramm eines *Messers* stellten Chinesen lediglich die Schneide des Messers dar.

Daraus entstand das Zeichen 刀, das sowohl *Messer* als auch *Schwert* bedeutet. Es wird katana ausgesprochen und TÔ zusammen mit anderen Zeichen. (37)

Teil, teilen, trennen, Minute

Wenn das *Messer* 刀 mit einer geteilten Linie / \ kombiniert wird, entsteht das Zeichen 分 mit der Bedeutung *Teil, teilen, trennen.*

分 bedeutet darüber hinaus *Minute* als Teil der Stunde. Mit der Bedeutung *trennen, teilen* wird es wakeru ausgesprochen, mit der

Bedeutung *Minute* FUN, (in manchen Kombinationen auch PUN) und mit der Bedeutung *Teil* BUN oder BU. (38)

一分	ippun	*eine Minute*
五分	gofun	*fünf Minuten*
十分	juppun	*zehn Minuten* Mit der Aussprache jûbun "zehn Teile" haben dieselben Kanji die Bedeutung *genug.*
自分	jibun	"selbst-Teil" *selbst* oder *eigen*

Gewinn

Wenn das *Messer* 刀 mit anderen Zeichen kombiniert wird, ändert es seine Form, es wird schmaler. *Messer* und *Reishalm* bilden das Zeichen 利 "den Reis schneiden". Es bedeutet *Gewinn* und wird RI ausgesprochen. (329)

利回	rimawari	"Gewinn geht herum" die jährlichen *Ausschüttungen,* die auf Aktien und Obligationen bezahlt werden, auch *Zinsen*
不利	furi	*nicht profitabel*
利口	rikô	"Profit-Mund" bedeutet *clever, schlau, geschickt.*

Trennung, sich trennen, anders

Ein *Messer* 刂, das Fleisch von Knochen oder Gebeinen  trennt, bedeutet *abtrennen.*

Die Gebeine wurden zuerst , später  und schließlich 另 gezeichnet. Das vollständige Zeichen ist 别 und wird BETSU ausgesprochen. BETSU bedeutet *Trennung, Unterscheidung, anders.* Wenn Sie in einem Restaurant getrennt bezahlen möchten, verwenden Sie den Ausdruck betsu-betsu. Mit demselben Zeichen wird auch das Verb wakareru geschrieben, das *sich trennen, auseinandergehen* bedeutet. (267)

Platz, Ort

Kombiniert man *Säge* 斤 mit einer *Tür* 戸, so entsteht das Zeichen 所. Es bedeutet *Platz* oder *Ort* und wird tokoro ausgesprochen, SHO, auch JO mit anderen Zeichen. (153)

便所	benjo	"angenehmer (passender) Platz" *Toilette*

Es gibt noch ein anderes Kanji mit der Bedeutung *Platz, Stelle,Ort.* Es bezeichnet einen Ort, an dem eine bestimmte Tätigkeit stattfindet. Dieses Kanji setzt sich zusammen aus dem Zeichen für Erde 土, Sonne 日 und Flagge.

Eine Flagge  wurde zuerst , endgültig 勿 gezeichnet.

Das zusammengesetzte Zeichen für *Ort* sieht folgendermaßen aus: 場. Es wird JO oder bâ gelesen. (154)

工場	kôba	"Bauen-Platz" *Fabrik*
工場	kôjô	hat die gleiche Bedeutung wie kôba, also *Fabrik.*
運動場	undôjô	"Bewegungsplatz" *Sportplatz*

(zer)brechen, falten, abbiegen

Eine *Hand* 手 und eine *Säge* 斤 bilden das Zeichen mit der Bedeutung *brechen.* Die Bedeutung wurde noch ausgeweitet zu *falten, wenden* und *abbiegen.*

Wenn 手 mit anderen Zeichen kombiniert wird, ändert es seine Form. So wird das vollständige Zeichen 折. Es wird oru ausgesprochen, SETSU zusammen mit anderen Zeichen. (1394)

Auf Verkehrsschildern erscheint dieses Zeichen in Kombination mit Richtungsweisern, z.B.:

左折	sasetsu	*links abbiegen*
右折	usetsu	*rechts abbiegen*

nahe, in der Nähe

Wenn eine *Säge* 斤 etwas von der *Fortbewegung* 辶 absägt, entsteht ein Zeichen mit der Bedeutung *nahe* oder *in der Nähe*: 近. Es wird chikai ausgesprochen, KIN mit anderen Zeichen. (445)

近所	kinjo	"naher Platz" *Nachbarschaft*

Fast alle Kinos und Filmtheater in Japan haben eine Anzeigetafel, über der die Worte stehen:

近日公開	konjitsu kokai	wörtlich: "nahe Tage öffentlich eröffnen" soll heißen: *demnächst in diesem Theater.*
近東	kintô	*Naher Osten*

neu

Das Zeichen für *neu* zeigt einen *Baum* 木 unter einem *Stand* 立 und eine *Säge* 斤, wodurch angedeutet wird, daß jeder neue Holzstand neu zugeschnitten werden muß. Das vollständige Zeichen ist 新 und bedeutet *neu*. Es wird atarashii ausgesprochen, SHIN in Verbindung mit anderen Zeichen. (174)

新聞	shinbun	"Neues Hören" *Zeitung*

新 ist auch sehr populär in Ortsnamen, z.B.:

新宿区	Shinjuku-ku	Name eines Stadtteils in Tokio
新横浜	Shinyokohama	Neu-Yokohama

Charakter, Natur, Qualität

Zwei *Sägen* 斤斤 befinden sich über einer *Muschel* 貝, um sie zu öffnen. Dieses Zeichen 質 wird SHITSU ausgesprochen. Es bedeutet entweder *Charakter, Natur* oder *Qualität*.

In der Aussprache SHICHI bedeutet es *Pfand*. Hier wird es von "Geld zersägen" abgeleitet (Geld = Muschel). (176)

品質	hinshitsu	"Sache-Qualität" *, Qualität, Güte*
質問	shitsumon	"die Natur fragen" *Frage*
質屋	shichiya	*Pfandhaus*
本質	honshitsu	"Ursprung-Charakter" *Wesen, Substanz*

ersetzen, Generation, Zeitalter, Preis

Die Chinesen empfanden zu manchen Zeiten - besonders in Kriegszeiten - daß eine Axt einen Menschen ersetzen kann.

Die Axt  wurde zuerst  gemalt, schließlich 弋.

Zusammen mit *Menschen* 人 entsteht das Zeichen 代, was *ersetzen* bedeutet. Es wird kaeru ausgesprochen, DAI mit anderen Zeichen.

Die ursprüngliche Bedeutung *ersetzen* wurde ausgedehnt auf viele Arten von *ersetzen,* so z.B. auf den Begriff *Generation*, denn jede Generation löst die vorhergehende ab, oder auch auf *Zeitalter* und sogar auf *Preis*. (256)

代書屋	daishoya	"Ersatz-Schreiben-Händler" *Schreiber* oder *Kopist*, der Schreibarbeiten übernommen hat
タクシ代	takushidai	*Taxigebühr* Das Wort *Taxi* ist ein Fremdwort und wird in Katakana geschrieben.
近代	kindai	"Nahe-Zeitalter" *moderne Zeiten*

千代田	chiyoda	"Feld von 1000 Generationen" Name eines Stadtteils in Tokio
代々木	yoyogi	"Generation um Generation von Bäumen", ein Wohngebiet im Westen Tokios. (Wenn ein Zeichen wiederholt werden soll, wird die Wiederholung durch 々 abgekürzt).

verleihen, vermieten

Wenn man Güter 代 durch Geld, das wiederum durch eine *Muschel* 貝 dargestellt wird, ersetzt, bedeutet dies *verleihen* oder *vermieten.*

Das vollständige Zeichen ist 貸 und wird kasu ausgesprochen, TAI zusammen mit anderen Zeichen. (748)

貸し家	kashiya	*Mietshaus, Mietwohnung*

Methode, Stil, Zeremonie

Eine *Axt* und ein *Lineal* zusammen 式 bedeuten *Methode* oder *Stil*, auch *Zeremonie.* Dieses Zeichen wird SHIKI ausgesprochen. (525)

日本式	nihonshiki	*japanischer Stil* (in Bezug auf Häuser, Sitten, Denkweisen, Möbel etc.)
アメリカ式	amerikashiki	*amerikanischer Stil*
洋式	yôshiki	"fremder Stil" *westlicher Stil*
式場	shikijô	*Zeremonien-Halle* oder *Festhalle.* Dieses Zeichen steht an Räumen, die für Hochzeiten oder andere Festlichkeiten genutzt werden.

Feuer

Das Zeichen für *Feuer* leiteten die Chinesen von dem Bild eines Feuers  ab.

Das Zeichen wurde zuerst , dann  und schließlich 火 geschrieben.

Es wird hi ausgesprochen, KA mit anderen Zeichen. (20)

火曜日	kayobi	"Feuertag" *Dienstag*
火事	kaji	"Feuer-Affaire" *Feuer, Brand*. Dieses Wort ruft man bei Feueralarm aus.
火山	kazan	"Feuerberg" *Vulkan*.

Flamme

Das Zeichen für *Flamme* wurde aus zwei Feuern gebildet, die übereinander stehen: 炎. Es wird honô ausgesprochen, EN zusammen mit anderen Zeichen. (1336)

backen, rösten, brennen

Ein Feuer 火 mit zu einem Haufen getürmter Erde 垚 auf einem Tisch 兀 bildet das Zeichen 焼. Es bedeutet *backen, rösten, brennen*. Es stammt wohl aus der Zeit der ersten Töpfereiversuche, als man geformte Erde in einem Ofen aufgeschichtet und dann gebrannt hat. Es wird yaku (transitiv) oder yakeru (intransitiv) ausgesprochen, SHÔ zusammen mit andere Zeichen. (920)

Einige Beispiele:

夕焼	yûyake	"gebrannter Abend" *Abendrot*
焼場	yakiba	*Krematorium*
焼肉	yakiniku	"gebratenes Fleisch", bezeichnet im allgemeinen alle Sorten von gegrilltem oder geröstetem Fleisch, wie es die Koreaner in ihren Restaurants anbieten. 焼肉 steht an allen Koreanischen Restaurants.

焼肉
yakiniku
"gebratenes Fleisch"
Koreanisches Restaurant

Rauch

Ein *Feuer* 火 auf der *Erde* 土, von einem Wind aus dem *Westen* 西 angefacht, bildet das Zeichen 煙 mit der Bedeutung *Rauch*. Es wird kemuri ausgesprochen, EN zusammen mit anderen Zeichen. (919)

Herbst

Feuer 火, kombiniert mit gebündelten *Reishalmen* 禾, bildet das Zeichen 秋 mit der Bedeutung *Herbst*. Es wird aki ausgesprochen, SHÛ zusammen mit anderen Zeichen. (462)

秋田	Akita	"Herbst-Feld" Name einer Präfektur im Norden Japans
秋田犬	Akita inu	"Herbst-Feld-Hund" ist ein berühmter *japanischer Jagd-* und *Kampfhund*
秋山	Akiyama	"Herbst-Berg" Familienname

nicht sein

Feuer 火 mit einem Haufen getrocknetem Gras 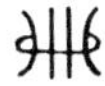 bedeutet bedeutet *nicht sein.*

Das Zeichen für *Feuer* verändert dabei seine Form von 火 in 灬.

Der Grashaufen wird  und das vollständige Zeichen ist 無. Es wird nai ausgesprochen, MU oder BU zusammen mit anderen Zeichen. (93)

無名	mumei	"kein Name" *unbekannt, anonym*
無線	musen	"kein Draht" *drahtlos, Funk*
無線車	musensha	"kein Draht Auto" *Funktaxi*
無口	mukuchi	"kein Mund" *ruhig, schweigsam*

schwarz

Das Zeichen für *schwarz* 黒 sieht aus, als ob es zusammengesetzt wäre aus *Feuer* 火, einem *Feld* 田 und *Erde* 土.

Es ist durchaus in Ordnung, sich auf diese Weise das Zeichen zu merken.

Die Chinesen hatten aber eine andere Vorstellung:

Sie dachten an ein Fenster 田, das von einer Flamme 炎 verrußt wurde. Die Flamme änderte dabei ihre Form: der untere Teil wurde 灬 (wie in obigen Beispielen), der obere Teil veränderte sich zu 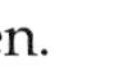 und schließlich zu 土

黒 wird kuroi oder kuro ausgesprochen, KOKU mit anderen Zeichen. (206)

目黒	Meguro	"schwarzes Auge" Wohngebiet in Tokio
黒田	Kuroda	"Schwarzes Feld" Familienname

rot

Rot ist die Farbe der Hölle: *Feuer* 火 unter der *Erde* 土. Bei diesem Kanji 赤 sind die vier Striche des veränderten Feuerzeichens länger als in den vorigen Beispielen.

Das Kanji für *rot* wird aka oder akai ausgesprochen, SEKI zusammen mit anderen Zeichen. (207)

赤坂	Akasaka	"roter Hügel" Name eines Stadtteils in Tokio
赤外線	sekigaisen	"rote-draußen-Linie" *Infrarotstrahl*

blau, grün

Für die beiden Farben *blau* und *grün* haben Chinesen und Japaner ein und dasselbe Wort und entsprechend auch nur ein Kanji. Dem Zeichen liegt die Vorstellung vom blauen *Mond* 月, der hinter grünem Laub  aufgeht, zugrunde.

Das Laub wurde quadratisch gemacht zu 龶 und bildet mit dem Mond das neue Zeichen 青. Es wird ao oder aoi ausgesprochen, SEI zusammen mit anderen Zeichen. (208)

青山	Aoyama	"grüner (oder blauer) Berg" Stadtbezirk in Tokio
青木	Aoki	"grünes (oder blaues) Holz" Familienname

Gift

Laub (s.o.) kombiniert mit *Mutter* 母, ergibt ein Zeichen mit der Bedeutung *Gift*: 毒. Es wird DOKU ausgesprochen. (522)

Dieses Zeichen erscheint auf allen Flaschen und Gefäßen, die gefährliche Giftstoffe enthalten - also überall dort, wo wir einen Totenkopf mit gekreuzten Knochen erwarten.

Farbe

Das Zeichen für *Farbe* - übrigens dasselbe Zeichen wie für *sinnliche Lust* - ist das Bild eines Jungen auf einem Dach, der in ein offenes Fenster schaut:  .

Die heutige Form des Zeichens ist 色. Es wird iro ausgesprochen, SHOKU oder SHIKI zusammen mit anderen Zeichen. (204)

gefährlich

Aus dem Bild eines Menschen, der sich über eine Felsklippe beugt  und nach seinem Freund schaut, der von der Klippe heruntergefallen ist und unten liegt  , entstand das Zeichen 危 mit der Bedeutung *gefährlich*. Es wird abunai ausgesprochen, KI zusammen mit anderen Zeichen. (534)

Dieses Zeichen muß an allen Lastwagen und Schleppern angebracht sein, die gefährliche Fracht transportieren.

危 abunai *gefährlich*

Abschnitt 11: Von Menschen in verschiedenen Haltungen

sich verwandeln, sich umgestalten

Ein stehender *Mensch* 人 und neben ihm ein sitzender Mensch 匕 ergeben das neue Zeichen 化 mit der Bedeutung *sich verwandeln, sich umgestalten.*

Es wird bakeru ausgesprochen, KA oder KE zusammen mit anderen Zeichen. (254)

Sie finden dieses Zeichen u.a. in dem japanischen Wort für *Make-up* 化粧, das keshô ausgesprochen wird. Das zweite Kanji in diesem Wort hat die On-Lesung SHÔ und bedeutet *schminken, verschönern.* Die einzelnen Elemente dieses Kanji sind *Reis* 米, denn aus Reis haben die Chinesen Puder hergestellt, und *Erde* oder *Lehm* 土, die unter einem *Dach* 广 gelagert sind: 粧. (1699)

化粧品 keshôhin *Kosmetika*

Diesen Hinweis lesen Sie in allen Kosmetik-Läden und Kosmetik-Abteilungen der Kaufhäuser.

化粧室 keshôshitsu *Schminkraum, Toilette*

Diese Wendung wird in besseren Hotels und Restaurants benutzt.

化粧室 keshôshitsu *Toilette*

Blume

化 als Träger der Bedeutung *Veränderung, Umgestaltung* dient auch als Baustein für neue Kanji. Ein solches Kanji ist 花. Hier wird das Piktogramm für *Pflanzen* 十十 mit der *Umgestaltung* kombiniert. 花 bedeutet Blume und wird hana ausgesprochen, KA zusammen mit anderen Zeichen. (255)

花屋	hanaya	*Blumenladen*, auch *Blumenverkäufer* oder - *züchter*
花火	hanabi	"Feuer-Blumen" *Feuerwerk*

Norden

Zwei Menschen, die Rücken an Rücken auf der oberen Seite der Welt sitzen  bedeuten *Norden*. Dieses Zeichen wird ohne die Erdkugel geschrieben und sieht folgendermaßen aus: 北. Es wird kita ausgesprochen, HOKU in Zeichenkombinationen. (73)

北海	hokkai	"Nord-See"

Dies sind die beiden ersten Zeichen im Namen der nördlichsten der vier Hauptinseln Japans - Hokkaidô.

vergleichen

Zwei sitzende Menschen, die in dieselbe Richtung schauen , bedeuten *vergleichen*. Das standardisierte Zeichen ist 比, es wird kuraberu ausgesprochen und HI mit anderen Zeichen. (798)

Ein Park im Zentrum Tokios heißt 日比谷 Hibiya "Vergleichen-Sonne-Tal". Hier wird das zweite hi aus phonetischen Gründen bi ausgesprochen.

lang

Ein alter Mann mit einem Stock und langen Haaren, die im Wind wehen , bedeutet *lang*.

Die Chinesen zeichneten es zuerst  , dann  und schließlich 長.

Das Zeichen wird nagai ausgesprochen und CHÔ zusammen mit anderen Zeichen. (95)

Dieses Kanji bezeichnet außerdem den Leiter einer Organisation: den Bürgermeister, den Präsidenten, den ältesten Sohn, den Stationsvorsteher, usw.

駅長	ekichô	*Stationsvorsteher*
支店長	shitenchô	*Chef der Niederlassung, Filialleiter*
工場長	kôjôchô	*Manager einer Fabrik, Fabrikchef*
長女	chôjo	*älteste Tochter*
長男	chônan	*ältester Sohn*

untergeordnet

Das Zeichen 亜 stellte ursprünglich zwei Bucklige dar, die sich gegenüberstehen:  . Es bedeutet *weniger wert,* auch *unter-* oder *minder-* und wird A ausgesprochen. Dieses Zeichen wurde auch gewählt, das "A" in Asien zu repräsentieren. (1616)

Wenn das *Minderwertige* 亜 mit *Herz* 心 kombiniert wird, entsteht das Zeichen 悪 mit der Bedeutung *schlecht.* Es wird warui ausgesprochen, AKU oder O in Kombinationen. (304)

悪口	waruguchi	"schlechter Mund" *verleumden*
悪化	akka	"schlecht verändern" *verschlechtern, schädigen*

König

Das Zeichen für König wurde aus mehreren Linien zusammengesetzt: eine Linie oben —, die den Himmel symbolisiert, eine Linie in der Mitte —, die den Menschen symbolisiert, eine Linie unten —, die die Erde symbolisiert. Alle werden durch eine senkrechte Linie | verbunden, wodurch derjenige symbolisiert wird, der die Welt zusammenhält: der König.

Das endgültige Zeichen ist 王 und wird Ô ausgesprochen (294)

王子	ôji	"Königskind" *Prinz*
山王	Sannô	"König der Berge" ein bekanntes Hotel
京王	Keiô	"Hauptstadt-König" berühmtes Kaufhaus in Shinjuku
京王線	keiôsen	"Hauptstadt-König-Linie" = Name der JR (Japan Rail)-Line, die von Shinjuku westwärts geht.

Juwel

Wenn das Zeichen für *König* 王 mit einem *Juwel* ○ (das den nationalen Schatz symbolisiert) ergänzt wird, entsteht das Zeichen 玉 mit der Bedeutung *Juwel* oder *Kugel*. Es wird tama ausgesprochen und GYOKU zusammen mit anderen Zeichen. (295)

Das Kanji 玉 bezeichnet auch runde Gegenstände oder Schmuck allgemein.

十円玉	jûendama	*10 - Yen - Münze*
目玉	medama	*Augapfel*
水玉	mizutama	*Wassertropfen*

Manchmal wird das Wort für *Ei* tamago mit dem Kanji 玉子 geschrieben, wörtlich übersetzt: "kleines Juwel". Dies ist leichter zu schreiben als 卵 (zwei Samenzellen), die eigentliche Schreibweise für *Ei*.

玉 ist auch Bestandteil des Namens eines der bekannten japanischen Hausweine:

赤玉	akadama	"Roter Ball (Wein)"

Land, Nation

Wenn das Zeichen für *Juwel* 玉 (es ist ja der König, der den nationalen Schatz trägt) von einer Grenzlinie umfaßt wird, entsteht das Zeichen 国 mit der Bedeutung *Land, Nation*. Es wird kuni ausgesprochen, KOKU zusammen mit anderen Zeichen. (40)

王国	ôkoku	*Königreich*
国王	kokuô	*König*
共和国	kyôwakoku	"vereint-Friede-Land" *Republik*
外国	gaikoku	"fremdes Land" *Ausland*
外国人	gaikokujin	*Ausländer*

国 koku wird oft auch in der gleichen Weise als Endung benutzt wie "-land" in "Deutschland" oder "England":

米国	beikoku	"Reisland", der japanische Ausdruck für *Amerika*
米国人	beikokujin	*Amerikaner*

Die Chinesen und die Japaner bezeichnen China als

中国	chûgoku	"Mitte-Land" oder "(König)Reich der Mitte". Chûgoku heißt aber auch das Gebiet um Hiroshima

Schatz

Ein *Juwel* 玉 in einer Schatzkammer  bedeutet *Schatz*. Das Zeichen wird 宝 geschrieben und takara ausgesprochen, HÔ zusammen mit anderen Zeichen. (296)

国宝	kokuhô	*nationaler Schatz*
宝石	hôseki	"Schatz-Stein" *Juwel*

Hôseki hat die gleiche Bedeutung wie 玉 tama, wird jedoch häufiger benutzt.

alles, das Ganze

Das Zeichen für *König* 王, das schon Himmel, Erde, den Menschen und den Regierenden beinhaltet, wird überdacht und ergibt so das Zeichen 全. Es bedeutet *alles, das Ganze* und wird ZEN ausgesprochen. Es kommt in den Namen vieler Organisationen vor, um die Bedeutung *landesweit* oder *überall* auszudrücken. Es ist allerdings nicht das ZEN in Zen-Buddhismus. (89)

全日本	zennihon	*Ganz Japan*
全米	zenbei	*Ganz Amerika*
全国	zenkoku	"das ganze Land" *national*
全体	zentai	"ganzer Körper" *das Ganze, vollständig*

An Gebäuden, die sich in Bau befinden, steht in großen Zeichen:

安全第一	anzen daiichi	"alle Ruhe zuerst", gemeint ist *Sicherheit zuerst! Vorsicht!*

heilig

Ein *Ohr* 耳 am *Mund* 口 des *Königs* 王 bildet das Zeichen 聖 mit der Bedeutung *heilig*. Es wird SEI ausgesprochen. (674)

Sei Petero ist der *Heilige Petrus*, sei Pauro der *Heilige Paulus*.

聖人	seijin	*Heiliger*
聖書	seisho	"heiliges Buch" *Bibel*

Herr, Besitzer, Haupt-

Das Zeichen, das dem *König* 王 und *geboren* 生 am ähnlichsten sieht, ist das Zeichen für *Herr* und *Besitzer:* 主. Allerdings hat dieses Zeichen einen völlig anderen Ursprung:

Es wurde aus einer brennenden Altarflamme, die die Beziehung zu einem Gott symbolisiert, entwickelt 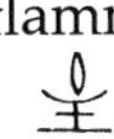 .

Dieses Piktogramm wurde vereinfacht zu 主. Es wird nushi ausgesprochen, SHU zusammen mit anderen Zeichen. (155)

Eine der gebräuchlichsten Verbindungen ist

主人	shujin	"Besitzer-Mensch" *Besitzer, Inhaber, Herr, Ehemann.*

So werden in Japan Ehemänner, Inhaber von Restaurants, Hotels, Pensionen etc. bezeichnet.

Dieses Zeichen hat ferner die Bedeutung *Haupt-, wesentlich, das Wichtigste.*

主力	shuryoku	*Hauptmacht, Hauptkräfte*

gießen, schütten

Wenn man *Wasser* 水 mit der *Altarflamme* 主 kombiniert, entsteht das Zeichen 注 mit der Bedeutung *gießen, schütten.* Es wird sosogu ausgesprochen und CHÛ mit der Bedeutung *Notiz* oder *Anmerkung.*

Es hat die erweiterte Bedeutung "gieße deine Beachtung auf...." , womit *sich konzentrieren* ausgedrückt wird. (357)

注意	chûi	"Konzentriere Deine Gedanken auf" *Achtung, Gefahr, Vorsicht*

Diese Zeichen sehen Sie an vielen Kreuzungen und an Lastzügen, die gefährliche Güter transportieren.

Im Gegensatz zu abunai 危 (s.S. 99), das *Gefahr* in dem Sinn bedeutet, daß eine gefährliche Situation besteht, drückt chûi 注意 aus, daß eine Gefahr nur dann besteht, wenn man nicht aufpaßt oder unkonzentriert ist.

wohnen, leben

Ausgehend von dem Gedanken, daß der Mensch Herr in seinem Haus ist, kombinierten die Chinesen *Mensch* 人 mit *Herr* 主 und bildeten das Zeichen 住 mit der Bedeutung *wohnen* oder *leben*. Es wird sumu ausgesprochen, JÛ zusammen mit anderen Zeichen. (156)

住所	jûsho	"Wohnplatz" *Adresse*

Der Name eines der größten japanischen Finanzunternehmen ist

住友	Sumitomo	"wohnender Freund"

住友銀行
Sumitomo ginko
Sumitomo Bank
(s.S. 124)

anhalten, (ver)bleiben

Ein *Pferd* 馬 kombiniert mit einem *Wohnort* 住 - "das Pferd an einem Wohnort lassen" - bedeutet *anhalten* oder *bleiben*. Der *Mensch* im Zeichen für *wohnen* wird fortgelassen, das endgültige Zeichen ist 駐 und wird CHÛ ausgesprochen. (599)

駐車	chûsha	"halten Wagen", *Parken*
駐車場	chûshajô	*Parkplatz*

(有料)駐車場	(yûryô)chûshajô	(gebührenpflichtiger) Parkplatz
24 時関営業	24 jikan eigyô	24 Stunden Betrieb
1 時間 300 円	1 jikan 300 en	1 Stunde 300 Yen
以後 30 分毎	igo 30 pun goto	danach alle 30 min. 100 Yen

Abschnitt 12: Von unterschiedlichen Gebäuden

hoch, teuer

In alter Zeit, als zweistöckige Gebäude noch außergewöhnlich waren, hatte das Bild eines zweistöckigen Palastes  die Bedeutung *hoch*. Das Zeichen wurde schließlich vereinfacht zu 高. Es wird takai ausgesprochen, KÔ zusammen mit anderen Zeichen.

Takai verwendet man auch für Preise. Dann bedeutet es *teuer.* (190)

Das Zeichen kommt auch in Eigennamen vor:

高松	Takamatsu	"hohe Kiefer", eine Stadt auf der Insel Shikoku mit einem berühmten Schloß
高知	Kôchi	"hohes Wissen", eine Präfektur auf der Insel Shikoku

Palast, Schrein

Ein einstöckiger Palast  hat die Bedeutung *Palast*, auch *Schrein*.

Die ersten Zeichen wurden  geschrieben, daraus entwickelte sich die heute gebräuchliche Form 宮. Dieses Kanji wird miya ausgesprochen, GÛ zusammen mit anderen Zeichen. Des weiteren hat es auch noch die Bedeutung *Altar.* (721)

宮 wird auch in Eigennamen verwendet. Wenn Mitglieder der königlichen Familie das Zeichen 宮 in ihren Namen benutzen, hat es die Bedeutung "Palast-Person" *Prinz* oder *Prinzessin*.

Die Namen des heutigen Kronprinzenpaares sind

Naruhito miya	=	Prinz Naruhito
Masako miya	=	Prinzessin Masako

Wenn gewöhnliche Bürger dieses Zeichen in ihren Namen verwenden, hat es hier die Bedeutung *Schrein*.

宮本	Miyamoto	"Schrein-Ursprung"
宮川	Miyakawa	"Schrein-Fluß"
宮下	Miyashita	"Unter dem Schrein"

宮 kommt auch in Palast-Namen vor:

大宮	Ômiya	"Großer Schrein", Stadtteil von Tokio
二宮	Ninomiya	"Zweiter Schrein", Stadt an der Tokaido-Straße (Eda - Kyoto)

innen, innerhalb

Ein Haus 冂 mit dem Zeichen für *eintreten* 入 bildet das Zeichen 内 mit der Bedeutung *innen* oder *innerhalb* (sowohl räumlich als auch zeitlich). Es wird uchi ausgesprochen, NAI zusammen mit anderen Zeichen. (84)

内海	naikai	"innerhalb Meer", *Binnenmeer.* "Seto naikai", die japanische Inlandsee liegt zwischen den Inseln Kyushu, Honshu und Shikoku.
国内	kokunai	"innerhalb des Landes", *einheimisch, inländisch*

gleich, gleiches

Das Zeichen für *gleich* stellt ein *Haus* 冂 dar, in dem jeder mit *einem* 一 *Mund* 口 spricht: 同. Es wird onaji ausgesprochen und DÔ zusammen mit anderen Zeichen. (198)

共同	Kyôdô	der Name der größten japanischen Nachrichtenagentur

essen

Dem Zeichen für *essen* oder *speisen* liegt folgendes Bild zugrunde:

Unter einem *Dach* 𠆢 wird *Reis* 白 über einem *Feuer* 火 gekocht. Diese drei Zeichen wurden zuerst so geschrieben:  .

In der heutigen Form ist das *Feuer* ein wenig verkleinert: 食. Das Zeichen wird taberu ausgesprochen, SHOKU in Kombinationen.

Taberu hat nur die Bedeutung *essen.* SHOKU dagegen kann auch *Speise* oder *Mahl* bedeuten. (322)

夕食	yûshoku	"Abend-Mahl" *Abendessen*
食品	shokuhin	"Speise-Sachen" *Nahrungsmittel*
食器	shokki	"Essen-Teller" *Geschirr*
食人	shokujin	"Essen-Menschen" *Kannibalismus*

trinken

Das Zeichen für *trinken* setzt sich zusammen aus dem Zeichen für *essen* 食 und dem Zeichen für *Mensch* 人 mit einem weit geöffneten Mund:  .

Der Mensch und der Mund wurden so zusammengefügt: 欠 .

Das vollständige Zeichen hat die Form 飲 und wird nomu ausgesprochen, IN mit anderen Zeichen. (323)

Trinkwasser aus öffentlichen Brunnen oder Wasserhähnen wird in der Regel mit dem Zeichen

飲水	nomimizu	*Trinkwasser*

dargestellt.

In Bars und Cafés findet man häufig die Zeichen

飲物	nomimono	"Trink-Sachen" *Getränke*

nächst, demnächst

Ein *Mensch* mit weitgeöffneten *Mund* 欠 , der etwas ausruft und neben dem Zeichen für *zwei* 二 steht, bedeutet *nächst*. Dieses Kanji wird 次 geschrieben und tsugi ausgesprochen, JI mit anderen Zeichen. (384)

Dieses Zeichen bedeutet auch *der nächste* oder *der nachfolgende.*

次長	jichô	"der nächste Chef" *zweiter Chef, Vize-Chef, Stellvertreter*
次回	jikai	"nächste Runde" *nächstes Mal.* 次回 steht häufig auf Plakaten in Theatern oder Kinos und bedeutet: *Demnächst in diesem Theater*

次回(ロードショー)
jikai (rôdoshô "show on road")
demnächst in diesem Theater

Behörde, Amt

Ein zufriedener Mensch, der mit vollem Magen  nach Siesta-Art unter einem schattenspendenden Dach  schläft, wurde zuerst so gezeichnet: .

Dieses Zeichen hatte bei den Chinesen die Bedeutung *Bürokrat* oder *Regierungsangestellter* - wie viel Gemeinsames es doch in so unterschiedlichen Kulturen gibt (!).

Heute hat das Kanji die Bedeutung *Behörde* oder *Amt*, und seine heute gebräuchliche Form ist 官. Dieses Kanji wird KAN ausgesprochen. (326)

高官	kôkan	*hoher Beamter, hohes Amt*

Gebäude, Halle

Aus den Zeichen für *Bürokrat* 官 und für *Essen* 食 bildeten die Chinesen ein neues Zeichen mit der Bedeutung *Gebäude* oder *Halle*: 館. Es wird wie 官 ebenfalls KAN ausgesprochen.

In alter Vorzeit bezeichnete dieses Kanji speziell die Gebäude, die von den Regierungsangestellten außerhalb ihrer Dienstzeit benutzt wurden - also ihre (offiziellen) Wohnungen, Villen. Heute bezieht es sich auf alle öffentlichen Gebäude: Kunst-Galerien, Museen, Filmtheater, Sporthallen, Versammlungsräume, Büchereien. (327)

別館	bekkan	"abgetrenntes Gebäude" *Nebengebäude*
本館	honkan	*Hauptgebäude*
新館	shinkan	"Neues Gebäude" *Neubau*

treffen, Gesellschaft

Um den Begriff "treffen" darzustellen, schrieben die Chinesen *zwei* 二 *Nasen* 厶 unter einem *Dach* 𠆢. Das vollständige Zeichen ist 会 und wird in der Bedeutung *treffen* alleine au , zusammen mit anderen Zeichen E ausgesprochen. Dieses Zeichen kann jedoch auch *Gesellschaft* oder *Zusammenkunft* bedeuten. In diesem Falle wird es KAI ausgesprochen. (158)

会館	kaikan	*Versammlungsraum, öffentliche Halle, öffentliches Haus, Gebäude*

東京会館	Tôkyô kaikan	bekanntes Gebäude in Tokio mit Restaurants, Hörsälen und Büros
会場	kaijô	ein Ort, an dem Treffen und Tagungen stattfinden. Zusätzliche Zeichen geben an, um welche Art von Treffen es sich handelt.
会食	kaishoku	"Zusammenkunft-Essen" *Bankett*
会員	kaiin	*Tagungsteilnehmer*
会話	kaiwa	"Treffen-Sprechen" *Unterhaltung, Gespräch*
協会	kyôkai	"Zusammenarbeit-Treffen" *Gesellschaft, Verein*

Unternehmen; Shinto-Schrein

Ein Opferaltar mit dem Opfer wurde zuerst so gemalt:  .

Das Zeichen wurde vereinfacht zu  , schließlich zu 示.

Heute hat dieses Zeichen allerdings die Bedeutung *zeigen* und wird shimesu bzw. JI oder SHI ausgesprochen. (615)

Die Chinesen kombinierten das Zeichen für *Opferaltar* mit dem Zeichen für *Erde* 土 und schufen ein neues Zeichen, das einen Ort darstellt, an dem soziale Unternehmungen stattfinden. Dabei wurde der Opferaltar weiter vereinfacht: 社. Dieses Kanji wird SHA ausgesprochen. Früher bedeutete dieses Zeichen ausschließlich *Tempel*, heute bezieht es sich aber auch auf geschäftliche Organisationen. Wenn es im religiösen Zusammenhang gebraucht wird, bedeutet 社 das gleiche wie 宮 (miya, s.S. 109). Beides sind Shinto-Schreine. (308)

会社	kaisha	"Gesellschaft-Organisation" *Firma, Organisation*

社員	shain	"Unternehmen-Mitglied" *Angestellter.* Hierbei handelt es sich um die gebräuchliche Bezeichnung für das mittlere Management.
社会	shakai	"Organisation-Gesellschaft" *Gesellschaft.* Hier werden dieselben Zeichen wie bei kaisha benutzt, nur in umgedrehter Reihenfolge. Shakai bedeutet Gesellschaft im soziologischen Sinne.

Aktie, (Baum)stumpf

Das japanische Wort für Kooperation wird sehr häufig abgekürzt mit "K.K.", wenn der Firmenname in Romaji geschrieben ist. "K.K." ist die Abkürzung von

株式会社	kabushiki kaisha	*Aktiengesellschaft.*

Sie kennen bereits alle Kanji in diesem Wort bis auf das erste 株 kabu. Seine Bedeutung, nämlich *Aktie,* ist jedoch kaum vom Ursprung des Zeichens abzuleiten. 株, auch mit der Lesung kabu, hat aber noch eine andere, und zwar die ursprüngliche Bedeutung des Zeichens: *Baumstumpf.*

株	kabu	*Aktie*
株主	kabunushi	"Aktien-Halter" *Aktionär*

handeln, Handel treiben

Um *Handel* auszudrücken, wählten die Chinesen das Bild eines Händlers, der einen Kasten öffnet, um seine Waren zu präsentieren: .

Dieses Zeichen wurde zuerst  geschrieben, dann  und schließlich 商. Es wird akinau ausgesprochen, SHÔ mit anderen Zeichen. (412)

In jeder Geschäftsstraße sehen Sie diese Zeichen:

商店	shôten	"Händler-Laden" *Geschäft, Laden*
商店街	shôtengai	*Geschäftsstraße*
商社	shôsha	"Geschäfts-Firma" *Handelsfirma*, in aller Regel für ausländische Güter
商人	shônin	*Händler, Kaufmann*
商品	shôhin	*Handelsware*

Gott

Für das Zeichen für *Gott* kombinierten die Chinesen den *Opferaltar* 示 mit einer *Sonne* 日, denn dort hatten die ersten Gottheiten ihren Sitz. Die Sonne erhielt zusätzlich noch eine göttliche Linie: 申. Das vollständige Zeichen ist 神 und wird kami ausgesprochen, SHIN oder JIN zusammen mit anderen Zeichen.

Nennt man eine bestimmte Gottheit, so spricht man 神 kami aus und hängt daran noch sama an, die ehrerbietig-höfliche Variante zu san *Herr* bzw. *Frau*. (310)

神社	jinja	"Gott-Schrein" *(Shinto-)Schrein*
神宮	jingû	*Hauptschrein*

Ise jingû ist der *Große Schrein der Gottheit Ise*, Meiji jingû ist der *Meiji-Schrein*.

verboten

Das Zeichen für *Verbot* stammt aus der Zeit, als es grundsätzlich verboten war, den königlichen Wald zu betreten. *Zwei Bäume* 林 wurden mit einem *Opferaltar* 示 kombiniert. Es entstand das Zeichen 禁 mit der Bedeutung "Wenn du den Wald betrittst, landest du auf dem Opferaltar!" Das Zeichen wird KIN ausgesprochen. (482)

禁止	kinshi	"Verboten-Halt" ist die Zeichenkombination für *verboten*.

禁 kin oder 禁止 kinshi erscheinen überall dort, wo etwas nicht erlaubt ist:

駐車禁止	chûsha kinshi	"Halt-Wagen-Verboten" *Parken verboten*

駐車禁止
chûshakinshi
Parken verboten

禁煙	kin en	*Rauchen verboten*
右折禁止	usetsu kinshi	*Rechts abbiegen verboten*
立入禁止	tachiiri kinshi	*Eintritt verboten*

立入禁止 tachiiri kinshi Eintritt verboten

Fest

Die ersten Festlichkeiten in China hatten mit Opferaltären zu tun. So entstand das erste Zeichen für *Fest* aus einem *Opferaltar* 示, über dem eine Hand  *Opferfleisch* 月 hält.

Das erste Zeichen wurde so gemalt:  .

Die heute gebräuchliche Form des Zeichens ist 祭, wird matsuri ausgesprochen und bedeutet *Fest.*

Dieses Zeichen kann auch die Bedeutung *anbeten, verehren, vergöttern* haben. Dann wird es matsuru bzw. SAI ausgesprochen. (617)

Musik, Freude

Eine chinesische Trommel und eine Zimbel  , die auf allen Festlichkeiten zum Einsatz kamen, sind das Symbol für *Musik* und auch *Freude.* Diese Instrumente wurden zuerst  , schließlich 楽 gemalt. Das Zeichen wird GAKU ausgesprochen, wenn es

Musik bedeutet. Mit der Aussprache tanoshii bedeutet es *froh* oder *lustig*. Dieses Kanji wird RAKU ausgesprochen, wenn es die Bedeutung *Freude* oder *Bequemlichkeit* hat. (358)

Beispiele:

楽器	gakki	"Musik-Gerät" *Musikinstrument*
音楽	ongaku	"Klang-Musik" *Musik*

楽 wird auch manchmal in Eigennamen benutzt, z.B.:

有楽町	Yurakucho	"Hab-Freude-Stadt", Name eines Stadtzentrums in der Nähe der Ginza

Medizin, Arznei

Wenn *Pflanzen* 十十 mit *Freude* 楽 kombiniert werden, entsteht ein neues Zeichen 薬 mit der Bedeutung *Medizin*. Es wird kusuri ausgesprochen, YAKU zusammen mit anderen Zeichen. (359)

薬屋	kusuriya	"Medizin-Händler" *Drogerie, Apotheke*
薬品	yakuhin	*Medikament, Medizin*

Grenze, Rand

Zum Zeichen für *Fest* 祭 fügten die Chinesen einen abgestuften Berg hinzu:  . Dieser wurde zuerst so geschrieben  , später  und schließlich 阝.

Hiermit wurde das Gebiet angezeigt, in dem die Festlichkeiten abgehalten wurden. Das vollständige Zeichen ist 際 und wird kiwa ausgesprochen und SAI zusammen mit anderen Zeichen. (618)

水際	mizugiwa	"Wasser-Grenze" *Ufer, Strand*
国際	kokusai	"Landesgrenze" *international*

Etage, Rang

Das Zeichen eines abgestuften Berges 阝 gehört mit zu denen, die nicht alleine vorkommen, sondern als Baustein für neue Zeichen dienen. Dieses Kanji bringt die Bedeutung "terassenförmig" oder "unterschiedliche Ebenen" in das neue Zeichen.

Ein Beispiel ist der Ausdruck für *Etage* oder *Ebene*. Das Zeichen wird mit dem Zeichen für *alles, alle* kombiniert, und es entsteht ein neues Zeichen für *Etage, Ebene.*

Das Zeichen für *alle* stellt zwei sitzende Männer, "den einen" und "den anderen", dar 比 und eine Nase, die *ich* oder *mir* bedeutet: 白.

Das vollständige Zeichen hat die Form 皆 und wird mina ausgesprochen und KAI zusammen mit anderen Zeichen. (587)

Das Zeichen für *Etage, Ebene* oder auch *Rang* ist 階 und wird ebenfalls KAI ausgesprochen. (588)

Die japanische Etagenzählung unterscheidet sich von der deutschen; denn 一階 ikkai (eigentlich erste Etage) bedeutet *Erdgeschoß*. Unser *erster Stock* heißt auf japanisch 二階 nikai usw.

一階	ikkai	Erdgeschoß
二階	nikai	erste Etage
三階	sankai	zweite Etage

Abschnitt 13: Vom Wetter

Regen

Die Vorstellung von Regentropfen, die aus den Wolken auf die Erde herabfallen  , liegt dem Piktogramm für Regen zugrunde. Es wurde zuerst  , später  gemalt.

Die heutige Form des Zeichens ist 雨. Es wird ame ausgesprochen, U zusammen mit anderen Zeichen. (30)

Schirm

Ein Regenschirm  wurde zuerst  gemalt. Danach wurden noch einige Menschen  hinzugefügt, um das Bild zu vervollständigen.

Das komplette Zeichen ist 傘 und wird kasa ausgesprochen, SAN zusammen mit weiteren Zeichen. (790)

Schnee

Der fallende *Regen* 雨 zusammen mit einem Besen  bedeutet *Schnee*. Der Besen wurde zu 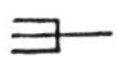 verkürzt. Die heute gebräuchliche Form des Zeichens für *Schnee* ist 雪. Es wird yuki ausgesprochen, SETSU zusammen mit anderen Zeichen. (949)

Elektrizität

Ein Blitz  inmitten des herabfallenden *Regens* 雨 ergab ursprünglich das Zeichen für *Blitz*. Der Blitz wurde zuerst  gemalt, später 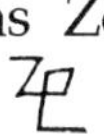 und schließlich 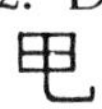 . Das vollständige Zeichen 電 wird DEN ausgesprochen.

Dieses Zeichen hat jedoch eine Bedeutungsänderung erfahren. Nach der Entdeckung der Elektrizität hat DEN die Bedeutung *Blitz* verloren und dient jetzt ausschließlich der Bezeichnung von Elektrizität (siehe denki S. 123).

Für die verschiedenen elektrischen Geräte und Maschinen, die im Laufe der Zeit erfunden wurden, sind neue Zeichen entwickelt worden, die alle 電 als Bestandteil haben: (108)

電車	densha	"elektrischer Wagen" *elektrische Bahn, Zug*
電線	densen	"elektrischer Draht" *Stromkabel*
電力	denryoku	"elektrische Kraft" *elektrische Energie*
電話	denwa	"elektrisch sprechen" *Telefon*

公衆電話 kôshû denwa *öffentliches Telefon*

Energie, Leben, (Geist, Seele)

Die Chinesen malten *Dunst* mit ein paar flüchtigen Linien: ≋.

Später wurden sie vereinfacht ⺄ und schließlich 气 gezeichnet.

Zu diesem Zeichen wurden einige andere hinzugefügt um darzustellen, um was für eine Art Dunst es sich handelt. Wenn das Zeichen für *Reis* 米 hinzugefügt wird, bekommt der Dunst *Leben.* Das Zeichen für *Reis* wurde in dieser Kombination vereinfacht. Es entstand 気 mit der Bedeutung *Energie, Leben.* Es wird KI ausgesprochen. (134)

電気	denki	"Elektrizitäts-Energie", das offizielle und gebräuchliche Wort für *Elektrizität*
気体	kitai	"Dunst-Körper" *Gas*

Dampf

Dunst 气 zusammen mit dem vereinfachten Piktogramm für *Wasser* 氵 bildet das Zeichen 汽 mit der Bedeutung *Dampf.* Es wird KI ausgesprochen. (135)

汽車	kisha	"Dampf-Wagen" *Zug, Eisenbahn*

Metall

Zu dem Zeichen für *Erde* 土 werden zwei Punkte hinzugefügt 圡 um Erz darzustellen. Darüber befindet sich ein Erdwall 𠆢, der andeuten soll, daß es sich um eine große Menge von Erz handelt. Das vollständige Zeichen wurde zuerst 金 gemalt, endgültig 金. Die ursprüngliche Bedeutung dieses Zeichens ist *Metall.* Die Bedeutung wurde dann erweitert auf *Gold* und später auch auf *Geld.* Das Zeichen wird KIN oder KON und mit der Bedeutung *Geld* auch kane gelesen. (23)

金曜日	kinyôbi	"Metall-Tag", *Freitag*
金魚	kingyo	*Goldfisch*
金庫	kinko	"Geld-Lagerhaus" *Safe*

Silber

Das Zeichen für *Auge* 目, kombiniert mit dem Zeichen für *vergleichen* 比 bildet ein neues Zeichen mit der Bedeutung "vergleichen-Auge", d.h. *gleich sein.*

Das Zeichen wurde zuerst 昆 geschrieben, schließlich 艮. Es

bedeutet *gleich, gleich sein.*

Wenn nun das Zeichen für *gleich sein* mit dem Zeichen für *Gold* kombiniert wird, entsteht 銀 mit der Bedeutung *Silber*. Es wird GIN ausgesprochen. (313)

銀行	ginkô	"Silber-gehen" *Bank*
日本銀行	Nihon ginkô	*die Bank von Japan*
水銀	suigin	"Wasser-Silber" *Quecksilber*

Sitz, Platz

Zwei *Menschen* 人人, die unter einem *Dach* 厂 auf der *Erde* 土 sitzen, bilden das Zeichen für *Sitz*. Das vollständige Zeichen ist 座 und wird ZA ausgesprochen. Es bezeichnet auch einen Ort, an dem sich Menschen versammeln. In dieser Bedeutung kommt es in vielen Theaternamen vor. (786)

有楽座	Yûrakuza	Yûraku-Theater
名画座	meigaza	"Meisterstück-Theater" *(hochrangiges) Theater*
歌舞伎座	kabukiza	Kabuki-Theater
銀座	Ginza	"Silber-Sitz"=Tokios berühmte Geschäftsstraße Ginza.

Zahlen

0	〇	zero	null
1	一	ICHI, hitotsu	eins
2	二	NI, futatsu	zwei
3	三	SAN, mitsu	drei
4	四	SHI, yon	vier
5	五	GO, itsutsu	fünf
6	六	ROKU, mutsu	sechs
7	七	SHICHI, nana	sieben
8	八	HACHI, yatsu	acht
9	九	KYÛ, kokono	neun
10	十	JÛ, tô	zehn
11	十一	jû ichi	elf
12	十二	jû ni	zwölf
20	二十	ni jû	zwanzig
100	百	HYAKU	hundert
1.000	千	SEN, chi	tausend
10.000	万	MAN	zehntausend

Beispiel:

35.213 三万五千二百十三
san man go sen ni hyaku jû san

Die Silbenalphabete

Hiragana-Tafel

	a	i	u	e	o
Vokal	あ a	い i	う u	え e	お o
k	か ka	き ki	く ku	け ke	こ ko
g	が ga	ぎ gi	ぐ gu	げ ge	ご go
s	さ sa	し shi	す su	せ se	そ so
z	ざ za	じ ji	ず zu	ぜ ze	ぞ zo
t	た ta	ち chi	つ tsu	て te	と to
d	だ da	ぢ ji	づ zu	で de	ど do

	a	i	u	e	o
n	な na	に ni	ぬ nu	ね ne	の no
	ohne Vokal:		ん n		
h	は ha	ひ hi	ふ fu	へ he	ほ ho
b	ば ba	び bi	ぶ bu	べ be	ぼ bo
p	ぱ pa	ぴ pi	ぷ pu	ぺ pe	ぽ po
m	ま ma	み mi	む mu	め me	も mo
y	や ya		ゆ yu		よ yo
r	ら ra	り ri	る ru	れ re	ろ ro
w	わ wa				を (w)o

Katakana-Tafel

	a	i	u	e	o
Vokal	ア a	イ i	ウ u	エ e	オ o
k	カ ka	キ ki	ク ku	ケ ke	コ ko
g	ガ ga	ギ gi	グ gu	ゲ ge	ゴ go
s	サ sa	シ shi	ス su	セ se	ソ so
z	ザ za	ジ ji	ズ zu	ゼ ze	ゾ zo
t	タ ta	チ chi	ツ tsu	テ te	ト to
d	ダ da	ヂ ji	ヅ zu	デ de	ド do

	a	i	u	e	o
n	ナ na	ニ ni	ヌ nu	ネ ne	ノ no
	ohne Vokal:		ン n		
h	ハ ha	ヒ hi	フ hu	ヘ he	ホ ho
b	バ ba	ビ bi	ブ bu	ベ be	ボ bo
p	パ pa	ピ pi	プ pu	ペ pe	ポ po
m	マ ma	ミ mi	ム mu	メ me	モ mo
y	ヤ ya		ユ yu		ヨ yo
r	ラ ra	リ ri	ル ru	レ re	ロ ro
w	ワ wa				ヲ (w)o

Darüber hinaus werden bei beiden Silbenschriften weitere Zeichen durch Kombination mit Zeichen der y-Reihe gebildet, z.B.:

kya	きゃ, キャ	nya	にゃ, ニャ	hya	ひゃ, ヒャ
kyu	きゅ, キュ	nyu	にゅ, ニュ	hyu	ひゅ, ヒュ
kyo	きょ, キョ	nyo	にょ, ニョ	hyo	ひょ, ヒョ
sha	しゃ, シャ	cha	ちゃ, チャ		
shu	しゅ, シュ	chu	ちゅ, チュ		
sho	しょ, ショ	cho	ちょ, チョ		

Das Zeichen っ bzw. ッ verdoppelt den nachfolgenden Konsonanten:

コップ	koppu	Tasse (von engl. cup)
コミック	komikku	Comic

コミック komikku
Comic

ベストセラー besutoserâ
Bestseller

Deutsche Städtenamen in Katakana

リュ–ベック	Riubekku	Lübeck
ハンブルグ	Hanburugu	Hamburg
ブレ–メン	Burêmen	Bremen
ベルリン	Berurin	Berlin
ポツダム	Potsudamu	Potsdam
ドレ–スデン	Dorêsuden	Dresden
アイゼナハ	Aisenahu	Eisenach
ミュンスタ–	Miunsutâ	Münster
クサンテン	Kusanten	Xanten
ケルン	Kerun	Köln
ア–ヘン	Âhen	Aachen
ボン	Bon	Bonn
トリア	Toria	Trier
ハイデルベルグ	Haideruberugu	Heidelberg
ロ-テンブルグ	Rôtenburugu	Rothenburg
ミュンヒエン	Miunhen	München
ウルム	Urumu	Ulm
ニュルンベルグ	Niurunberugu	Nürnberg
レーゲンスブルグ	Rêgunsuburugu	Regensburg

Register

Japanisch - Deutsch

baibai	売買	Geschäft, Handel	66
baiten	売店	Kiosk, Verkaufsstand	77
bakeru	化	sich verwandeln, sich umgestalten	100
BAN	番	Nummer, Wache	84
baniku	馬肉	Pferdefleisch	71
bannin	番人	Wächter	84
basha	馬車	Pferdewagen, Kutsche	71
BEI	米	Reis	38
beikoku	米国	Amerika	104
beikokujin	米黒人	Amerikaner	104
bekkan	別館	Nebengebäude	113
BEN	便	Bequemlichkeit	71
benjo	便所	Toilette	91
BETSU	別	Trennung, Unterscheidung, anders	90
BI	鼻	Nase	58
	美	schön	80
BIN	便	Gelegenheit, Post	71
BO	母	Mutter	16
BÔ	帽	Hut	56
boin	母音	Vokal	55
BOKU	木	Baum, Holz, Gehölz	13
bôshi	帽子	(kleiner) Hut	56
BU	不	nicht, un-, miß-	77
	分	Teil	90
	無	nicht sein	97
BUN	分	Teil, Minute	90
	聞	hören, fragen	68
buta	豚	Schwein	80
BUTSU	物	Dinge, Sachen	77
chi	千	tausend	86
	乳	Muttermilch, Brust	78
CHI	知	wissen	87
chichi	乳	Muttermilch, Brust	78
chiisai	小	klein	18
chijin	知人	Bekannter	87
chikai	近	nahe, in der Nähe	92

hairu	入	eintreten	21
hakaru	計	rechnen, messen	27
hakobu	運	transporieren, tragen, Schicksal, Fügung, Glück	64
HAKU	白	weiß	38
HAN	坂	Hügel, Hang	51
	反	gegen, widersetzen	50
hana	花	Blume	101
	鼻	Nase	58
hanabi	花火	Feuerwerk	101
hanasu	話	sich unterhalten, sprechen	28
hanaya	華屋	Blumenladen, -züchter, -verkäufer	101
hane	羽	Flügel, Feder	15
Haneda	羽田	Haneda (Flughafen Tokio)	15
hango	反語	Ironie	50
hataraku	働	arbeiten, Arbeit	65
hayai	早	früh, schnell	36
hayashi	林	Hain, Wäldchen	39
HEI	閉	schließen	70
hi	火	Feuer	94
	日	Sonne, Tag	13
HI	比	vergleichen	101
hidari	左	links	42
higashi	東	Osten	14
hikari	光	Lichtstrahl, Licht, scheinen, funkeln, blitzen	35
hiku	引	ziehen	87
HIN	品	Ware, Sache	24
hiraku	開	öffnen	69
hito	人	Mensch	16
hitotsu	一	eins	19
hitsuji	羊	Schaf, Widder	78
HÔ	宝	Schatz	104
hokkai	北海	"Nord-See"	101
HOKU	北	Norden	101
HON	本	Wurzel, Ursprung, Buch	13
Honda	本田	Honda (Auto- und Motorradfirma)	15

	持	haben, halten, besitzen	46
	次	nächst, demnächst	111
	時	Zeit, Stunde	45
	示	zeigen	114
	耳	Ohr	57
	自	selbst	58
jibun	自分	selbst, eigen	90
jichô	次長	Stellvertreter, Vize-Chef	112
jidôsha	自動車	Automobil	65
jiji	時事	Aktuelles	50
jikai	次回	nächstes Mal	112
jikan	時間	Zeit, Stunde	68
JIN	人	Mensch	16
	神	Gott	116
jingû	神宮	Hauptschrein	116
jinja	神社	(Shinto-) Schrein	116
jinji	人事	Personalabteilung	50
jinko	人工	künstlich	43
jinrikisha	人力車	Rikscha	63
JITSU	日	Sonne, Tag	13
JO	所	Platz, Ort	91
	女	Frau	16
JÔ	場	Platz, Stelle, Ort	91
	上	über, oben auf	29
jochû	女中	Hausangestellte	22
JU	受	erhalten, bekommen	46
JÛ	重	schwer	65
	住	wohnen, leben	106
	十	zehn	19
jûdai	重大	seriös, ernst	65
jûendama	十円玉	10-Yen-Münze	103
jûgatsu	十月	Oktober	33
jûichigatsu	十一月	November	33
jûnigatsu	十二月	Dezember	33
jûsho	住所	Adresse	107
jûzei	重税	hohe Steuer	65
KA	果	Frucht, Ergebnis	39
	花	Blume	101

MON	門	Tor	68
	問	fragen, anfragen	68
monban	門番	Pförtner	84
mono	物	Dinge, Sachen	77
monogatari	物語	Geschichte, Erzählung	77
mori	森	Wald, Forst	39
moto	下	drunter, unterhalb	29
	本	Wurzel, Ursprung, Buch	13
motsu	持	haben, halten, besitzen	46
MOTSU	物	Ding(e), Sachen	77
MU	無	nicht sein	97
mukuchi	無口	ruhig, schweigsam	97
mumei	無名	unbekannt, anonym	97
mura	村	Dorf	44
musen	無線	drahtlos, Funk	97
musensha	無線車	Funktaxi	97
muzei	無税	steuerfrei	60
MYÔ	名	Name, Ruf	34
na	名	Name, Ruf	34
nagai	長	lang	101
nai	無	nicht sein	97
NAI	内	innen, innerhalb	110
naikai	内海	Binnenmeer	110
naka	中	Mitte, innerhalb	21
nama	生	roh, (Bier) vom Faß	38
NAN	男	Mann	16
narau	習	lernen	58
NI	二	zwei	19
NICHI	日	Sonne, Tag	13
nichiyôbi	日曜日	Sonntag	74
nigatsu	二月	Februar	33
NIHON	日本	Japan	14
nihongun	日本軍	japanische Armee	63
nihonma	日本間	japanisches Zimmer	69
nihonshiki	日本式	japanischer Stil	94
nihonshu	日本酒	jap. Reiswein, Sake	88
nikai	二回	zweimal, zweite Runde	62

NIKU	肉	Fleisch	43
nikuya	肉屋	Metzgerei	76
nikuyasan	肉屋さん	Metzger	76
NIN	人	Mensch	16
NIPPON	日本	Japan	14
nishi	西	Westen	73
nitchû	日中	tagsüber	22
nomimizu	飲水	Trinkwasser	111
nomimono	飲物	Getränke	111
nomu	飲	trinken	111
nushi	主	Herr, Besitzer, Haupt-	105
NYO	女	Frau	16
NYÛ	乳	Muttermilch, Brust	78
	入	einlassen	21
	入	eintreten	21
nyûmon	入門	Eingangstor	68
O	悪	schlecht	102
Ô	王	König	102
o	小	klein	18
ô	大	groß	18
ôi	多	viel, viele	35
ôji	王子	Prinz	103
okâsan	母	Mutter	16
ôkii	大	groß	18
ôkoku	王国	Königreich	104
okoru	送	senden, schicken	64
OKU	屋	Händler, Geschäft, Laden, Haus	75
ômizu	大水	Hochwasser	20
omoi	重	schwer	65
ON	温	warm	82
	音	Laut, Ton	55
onaji	同	gleich, gleiches	110
ongaku	音楽	Musik	119
onna	女	Frau	16
onnanoko	女の子	Mädchen	17
onsen	温泉	heiße Quelle	82
onshitsu	温室	Gewächshaus	82

	支	aufrechterhalten, Zweig, unterstützen	48
	枝	Zweig (Baum)	48
	矢	Pfeil	87
	止	halten, anhalten, unterbrechen	52
	示	zeigen	114
SHICHI	質	Pfand	93
shichigatsu	七月	Juli	33
shichiya	質屋	Pfandhaus	93
shigatsu	四月	April	33
shiin	子音	Konsonant	55
shiji	支持	unterstützen	48
SHIKI	式	Methode, Stil, Zeremonie	94
shikijô	式場	Fest-, Zeremonienhalle	94
shima	島	Insel	72
shimeru	閉	schließen	70
shimesu	示	zeigen	114
SHIN	信	Vertrauen, Glaube	26
	心	Herz	54
	新	neu	92
	森	Wald, Forst	39
	神	Gott	116
shina	品	Ware, Sache	24
shinbun	新聞	Zeitung	92
shinjû	心中	Doppelselbstmord	55
shinkan	新館	Neubau	113
shiro, shiroi	白	weiß	38
shiru	知	wissen	87
shita	下	drunter, unterhalb	29
	舌	Zunge	28
shitamachi	下町	Altstadt, Stadtzentrum	30
shiten	支店	Zweigniederlassung	76
shitenchô	支店長	Chef der Niederlassung, Filialleiter	102
SHITSU	質	Charakter, Natur, Qualität	93
	室	Zimmer, Raum	75
shitsumon	質問	Frage	93
SHO	所	Platz, Ort	91

umi	海	Meer	80
umu	住	wohnen, leben	106
	生む	gebären	38
UN	運	transporieren, tragen, Schicksal, Fügung, Glück	64
undô	運動	Bewegung (auch politische)	65
undôjô	運動場	Sportplatz	91
unsô	運送	Transport	64
urimono	売物	Verkaufsobjekt	78
uru	売	verkaufen	66
usetsu	右折	rechts abbiegen	92
usetsu kinshi	右折禁止	rechts abbiegen verboten	117
ushi	牛	Kuh, Rind, Bulle	77
utsukushii	美	schön	80
utsusu	映	reflektieren	22
utsuwa	器	Gefäß, Gerät	84
WA	和	Friede, Harmonie	60
	話	sich unterhalten, sprechen	28
wakareru	別	sich trennen, auseinander-gehen	90
wakeru	分	trennen, teilen	89
waruguchi	悪口	verleumden	102
warui	悪	schlecht	102
washitsu	和室	Zimmer im jap. Stil	75
watakushi	私	ich, mir, mich	59
watashi	私	ich, mir, mich	59
ya	屋	Händler, Laden, Haus	75
	家	Haus	81
YA	谷	Tal	31
ya	矢	Pfeil	87
yado	宿	Unterkunft	85
yadoya	宿屋	Pension	85
yakiba	焼場	Krematorium	95
yakiniku	焼肉	gebratenes Fleisch, Koreanisches Restaurant	95
yaku	焼	backen, rösten, brennen	95
YAKU	薬	Medizin	119
yakuhin	薬品	Medikament, Medizin	119

yama	山	Berg	31
yasui	安	Friede, preiswert, billig	81
yasumono	安物	Ramsch	81
yasumu	休	ruhen, ausruhen	40
yasuuri	安売	Ausverkauf	81
YÔ	曜	Wochentag	71
	洋	Ozean, ausländisch, westlich	79
	羊	Schaf, Widder	78
yôgashi	洋菓子	westliche Süßigkeiten	80
yôhinten	洋品店	westliches Geschäft	79
yôma	洋間	westliches Zimmer	79
yômô	羊毛	Wolle	79
yomu	読	lesen	66
yôshiki	洋式	westlicher Stil	94
yôshu	洋酒	westliche Alkoholika	88
YU	油	Öl	32
YÛ	友	Freund	42
	有	haben, existieren	43
yû	夕	Abend	33
yuki	雪	Schnee	121
yuko	行	gehen	61
yûmei	有名	berühmt	43
Yûrakuza	有楽座	Yuraku-Theater	124
yûshoku	夕食	Abendessen	111
yûyake	夕焼	Abendrot	95
ZA	座	Sitz, Platz	124
ZEI	税	Steuer	60
zeikan	税関	Zollhaus	69
ZEN	全	alles, das Ganze	105
zenbei	全米	ganz Amerika	105
zenkoku	全国	national	105
zennihon	全日本	ganz Japan	105
zentai	全体	das Ganze, vollständig	105
ZETZU	舌	Zunge	28

Deutsch - Japanisch

abbiegen	折	oru, SETSU	91
abbrechen	中止	chûshi	52
Abend	夕	yû, SEKI	33
Abendessen	夕食	yûshoku	111
Abendland	西洋	seiyô	79
Abendländer	西洋人	seiyôjin	79
Abendrot	夕焼	yûyake	95
Achtung	注意	chûi	106
Adresse	住所	jûsho	107
Akita inu *(jap. Jagdhund)*	秋田犬	akita inu	96
Aktie	株	kabu	115
Aktiengesellschaft	株式会社	kabushiki kaisha	115
Aktionär	株主	kabunushi	115
Aktivität	活	KATSU	28
Aktuelles	時事	jiji	50
Alkohol	酒	sake, SHU	88
Alkoholika, westl.	洋酒	yôshu	88
alle	皆	mina, KAI	120
Allee	街	machi, GAI, KAI	61
alles	全	ZEN	105
alt	古	furui, KO	23
Altar	宮	miya, GÛ	109
älteste Tochter	長女	chôjo	102
ältester Sohn	長男	chônan	102
Altstadt	下町	shitamachi	30
am meisten	一番	ichiban	84
Amerika	米国	beikoku	104
Amerikaner	米黒人	beikokujin	104
Amt	官	KAN	112
Amt, hohes	高官	kôkan	112
anbeten	祭	SAI	118
anders	別	BETSU	90
anfragen	問	tou, MON	68
Angelegenheit	事	koto, JI	49
Angestellter	員	IN	67
	社員	shain	115

Breite	幅	haba, FUKU	56
brennen	焼	yaku, SHÔ	95
Brief	便	tayori	72
Brust	乳	chichi, chi, NYÛ	78
Buch	本	moto, HON	13
Buchgeschäft	書店	shoten	76
Bulle	牛	ushi, GYÛ	77
Charakter	質	SHITSU	93
Chassis	車体	shatai	63
Chef d. Niederlassung	支店長	shitenchô	102
China	中国	chûgoku	104
clever	利口	rikô	90
Dampf	汽	KI	123
demnächst	次	tsugi, JI	111
demnächst in d.Theater	近日公開	konjitsu kôkai	92
Dezember	十二月	jûnigatsu	33
Dienstag	火曜日	kayôbi	74
Dinge	物	mono, BUTSU, MOTSU	77
Dinnerparty	会食	kaishoku	114
Distrikt	区	KU, I	25
Donnerstag	木曜日	mokuyôbi	74
Doppelselbstmord	心中	shinjû	55
Dorf	村	mura, SON	44
drahtlos	無線	musen	97
draußen	外	soto, GAI, GE	34
drei	三	mitsu, SAN	19
Drogerie	薬屋	kusuriza	119
drunter	下	shita, moto, KA, GE	29
Ehemann	主人	shujin	106
eigen	自分	jibun	90
eilen	急	isogu, KYÛ	55
Eingang	入口	iriguchi	21/37
Eingangstor	入門	nyûmon	68
einheimisch	屋内	kokunai	110
Einkauf	買物	kaimono	78
einlassen	入	ireru, NYÛ	21

Schweinekotelett	豚カツ	tonkatsu	80
schwer	重	omoi, JÛ, CHÛ	65
Schwerkraft	引力	inryoku	87
Schwert	刀	katana, TÔ	89
sehen	見	miru, KEN	57
selbst	自	mizukara, JI	58
	自分	jibun	90
senden	送	okoru, SÔ	64
September	九月	kugatsu	33
seriös	重大	jûdai	65
Shinto-Schrein	社	SHA	114
	神社	jinja	116
Silber	銀	GIN	123
Sinn	意	I	55
Sitz	座	ZA	124
Soldat	軍人	gunjin	63
Sonne	日	hi, NICHI, JITSU	13
Sonntag	日曜日	nichiyôbi	74
Souvenir	名物	meibutsu	78
Speise	食	SHOKU	111
Spezial-Expreß	特急	tokkyû	78
Spezialität	名物	meibutsu	78
speziell	特	TOKU	78
Spirituosen	酒	sake, SHU	88
Spirituosenhandlung	酒屋	sakaya	88
Sportplatz	運動場	undôjô	91
Sprache	語	GO	29
sprechen	話	hanasu, WA	28
Stadt	町	machi, CHÔ	26
Stadtbezirk	区	KU, I	25
Stadtviertel	町	machi, CHÔ	26
Stadtzentrum	下町	shitamachi	30
Station	駅	EKI	71
Stationsvorsteher	駅長	ekichô	102
stehen	立	tatsu, RITSU,TACHI	18
steigen	上	agaru	29
Stein	石	ishi, SEKI	32
Steingut	土器	doki	84

Stelle	場	bâ, JÔ	91
Stellvertreter	次長	jichô	112
Steuer	税	ZEI	60
Steuer, hohe	重税	jûzei	65
steuerfrei	無税	muzei	60
Stil	式	SHIKI	94
Stil, amerikanischer	アメリカ式	amerikashiki	94
Stil, japanischer	日本式	nihonshiki	94
Stil, westlicher	洋式	yôshiki	94
Stoff	巾	KIN	56
Strand	水際	mizugiwa	119
streiten	争	arasou, SÔ	47
Stromkabel	電線	densen	122
Student	学生	gakusei	48
Studium	学	manabu, GAKU	47
Stunde	時	toki, JI	45
	時間	jikan	68
Substanz	本質	honshitsu	93
Süßigkeiten	菓子	kashi	40
Süßigkeiten, westl.	洋菓子	yôgashi	80
Tag	日	hi, NICHI, JITSU	13
täglich	毎日	mainichi	17
tagsüber	日中	nitchû	22
Tagungsteilnehmer	会員	kaiin	114
Tal	谷	tani, KOKU, YA	31
tausend	千	chi, SEN	86
Taxigebühr	タクシ代	takushidai	93
Teil	分	BUN, BU	90
teilen	分	wakeru	89
Telefon	電話	denwa	122
Teller	皿	sara	82
Tempel	寺	tera, JI	44
teuer	高	takai, KÔ	109
Theater, hochrangiges	名画座	meigaza	124
Theorie	説	SETSU	61
Tiefbau	土木	doboku	37
Toilette	化粧室	keshôshitsu	100

Ursprung	本	moto, HON	13
verboten	禁	KIN	116
	禁止	kinshi	116
verehren	祭	SAI	118
Verein	協会	kyôkai	114
vereinigen	協	KYÔ	19
vereint	共立	kyôritsu	47
vergleichen	比	kuraberu, HI	101
vergöttern	祭	SAI	118
verkaufen	売	uru, BAI	66
Verkaufsobjekt	売物	urimono	78
Verkaufsstand	売店	baiten	77
verleihen	貸	kasu, TAI	94
verleumden	悪口	waruguchi	102
vermieten	貸	kasu, TAI	94
Versammlungsraum	会館	kaikan	123
verschlechtern	悪化	akka	102
Vertrauen	信	SHIN	26
verwandeln, sich	化	bakeru, KA, KE	99
viel, viele	多	ôi, TA	35
Vize-Chef	次長	jichô	112
Vogel	鳥	tori, CHÔ	72
Vokal	母音	boin	55
vollständig	全体	zentai	105
Vorsicht	安全第一	anzendaiichi	105
	小心	shôshin	54
	注意	chûi	106
Vulkan	火山	kazan	95
Wache	番	BAN	84
Wächter	守	mamoru, SHU	44
	番人	bannin	84
Wagen	車	kuruma, SHA	63
Wald	森	mori, SHIN	39
Wäldchen	林	hayashi, RIN	39
Ware	品	shina, HIN	24
warm	温	atatakai, ON	82
warten	待	matsu, TAI	61
Wasser	水	mizu, SUI	20